A razão das normas

JEAN-FRANÇOIS KERVÉGAN

A razão das normas

Ensaio sobre Kant

Tradução

João Carlos Brum Torres

Nikolay Steffens

editora
unesp

Direitos de publicação reservados à:
Fundação Editora da Unesp (FEU)
Praça da Sé, 108
01001-900 – São Paulo – SP
Tel.: (0xx11) 3242-7171
Fax: (0xx11) 3242-7172
www.editoraunesp.com.br
www.livrariaunesp.com.br
atendimento.editora@unesp.br

Dados Internacionais de Catalogação na Publicação (CIP) de acordo com ISBD
Elaborado por Odilio Hilario Moreira Junior – CRB-8/9949

K41r

Kervégan, Jean-François
A razão das normas: ensaio sobre Kant / Jean-François Kervégan; traduzido por João Carlos Brum Torres, Nikolay Steffens. – São Paulo: Editora Unesp, 2025.

Tradução de: *La raison des normes. Essai sur Kant*
Inclui bibliografia.
ISBN: 978-65-5711-285-4

1. Filosofia. 2. Kant. 3. Metafísica. 4. Liberdade. 5. Normatividade. 6. Moral. 7. Ética. I. Torres, João Carlos Brum. II. Steffens, Nikolay. III. Título.

2025-2392 CDD 100
CDU 1

Editora afiliada:

Asociación de Editoriales Universitarias de América Latina y el Caribe

Associação Brasileira de Editoras Universitárias

Sumário

Abreviações e correspondência das remissões

A escolha das traduções para língua portuguesa que referenciam as citações e remissões do livro foi feita segundo a conveniência de trabalho dos tradutores, sem consideração especial às obras que tenham sido editadas no Brasil ou em Portugal. Preferência foi dada, no entanto, às edições bilíngues da *Crítica da razão prática*, da *Fundamentação da metafísica dos costumes*, do ensaio *Sobre um suposto direito de mentir por amor à humanidade* e da *Lógica*. Nos casos das raras referências a textos kantianos cujas versões para o vernáculo não foram encontradas, optou-se por manter as remissões às edições francesas utilizadas por J.-F. Kervégan. As citações de excertos das obras de Kant, notadamente aquelas feitas no corpo do texto, foram traduzidas da versão francesa, eventualmente levando-se em conta as traduções para nossa língua das obras de onde foram extraídas. As raríssimas notas do trabalho de tradução são indicadas por N. T. (Nota dos Tradutores).

Akademie Textausgabe = *AA*

Anthropologie = *Antropologia*

Anthropologie *in pragmatischer Hinsicht*. Ed. bras.: Kant, I. *Antropologia de um ponto de vista pragmático*. Trad. Clélia A. Martins. São Paulo: Iluminuras, 2006.

Aufklärung = *Iluminismo*

Beantwortung der Frage: Was ist Aufklärung?. Ed. port.: Kant, I. *Resposta à pergunta: Que é o Iluminismo?*. In: *A paz perpétua e outros opúsculos*. Trad. Artur Morão. Lisboa: Edições 70, 1998.

Beobachtungedes über das Gefühl des Schönen und und des Erhabenen = *O Belo e o Sublime*

Ed. bras.: Kant, I. *Observações sobre o sentimento do belo e do sublime; ensaio sobre as doenças mentais*. Trad. Vinicius de Figueiredo. Campinas: Papirus, 1993.

Bestimmung des Begriffs einer Menschenrasse = *Raças*

Ed. bras.: Kant, I. *Determinação do conceito de uma raça humana*. Tradução e notas de Alexandre Hahn. *Kant e-prints*, Campinas, Série 2, v.7, n.2, 2012.

Der Streit der Fakultäten = *CF*

Ed. port.: Kant, I. *O conflito das faculdades*. Trad. Artur Morão. Lisboa: Edições 70, 1993.

Religion = *Religião*

Die Religion innerhalb der Grenzen der blossen Vernunft. Ed. port.: Kant, I. *A religião nos limites da simples razão*. Trad. Artur Morão. Lisboa: Edições 70, 1992.

Erste Einleitung = Primeira Introdução à *CFJ*

Erste Einleitung *in die Kritik der Urteilskraft*. Ed. bras.: Kant, I. *Primeira introdução à* Crítica do juízo. Trad. Rubens R. Torres Filho. In: *Duas introduções à* Crítica do juízo. Org. Ricardo Terra. São Paulo: Iluminuras, 1995.

Grundlegung = *FMC*

Grundlegung *zur Metaphysik der Sitten*. Ed. bras.: Kant, I. *Fundamentação da metafísica dos costumes*. Edição bilíngue. Trad. Guido Antônio de Almeida. São Paulo: Barcarolla/Discurso Editorial, 2009.

Idee = *IdeiaHU*

Idee *zu einer allgemeinen Geschichte in weltbürgerlicher Absicht*. Ed. bras.: Kant, I. *Ideia de uma história universal de um ponto de vista cosmopolita*. Org. Ricardo Terra. Trad. Ricardo Terra e Rodrigo Naves. São Paulo: Brasiliense, 1986.

Immanuel Kant's Logik Ein Handbuch zu Vorlesungen herausgegeben von Gottlob Benjamin Jäsche = *Lógica*

Ed. bras.: Kant, I. *Manual dos cursos de lógica geral*. Edição bilíngue. Trad. Fausto Castilho. Campinas/Uberlândia: IFCH-Unicamp/Edufu, 1998.

KpV = *CRPr*

Kritik der praktischen Vernunft. Ed. bras.: Kant, I. *Crítica da razão prática*. Edição bilíngue. Trad. Valério Rohden. São Paulo: Martins Fontes, 2003. Na indicação das páginas das citações e remissões à *Crítica da razão prática* segundo esta edição, lançaremos os números correspondentes às páginas da edição original da obra (Riga: Friedrich Hartknoch, 1788), que confrontam as páginas em vernáculo traduzidas pelo Prof. Valério Rohden.

KrV = *CRP*

Kritik der reinen Vernunft. Há três boas traduções da *Crítica da razão pura* para a língua portuguesa: a de Valério Rohden e Udo Baldur Moosburger (São Paulo: Abril Cultural, 1980), a de Manuela P. dos Santos e Alexandre F. Morujão (Lisboa: Fundação Calouste Gulbenkian, 1989), e a de Fernando Costa Mattos (Petrópolis: Vozes, 2012). Na tradução Rohden-Moosburger, incluem-se remissões às páginas da segunda edição (1787), e nas demais, também à edição de 1781. As referências à obra serão indicadas, como de costume nos estudos kantianos, pelos números de página dos textos de B e, nas ocorrências, muito raras em que esse é o caso, aos de A.

KU = *CFJ*

Kritik der Urteilskraft. Ed. bras.: Kant, I. *Crítica da faculdade de julgar*. Trad. Fernando Costa Mattos. Petrópolis/Bragança Paulista: Vozes/Edusf, 2016.

MdS = *MC*

Metaphysik der Sitten. Ed. port.: Kant, I. *Metafísica dos costumes*. Trad. José Lamego. Lisboa: Fundação Calouste Gulbenkian, 2005.

Rechtslehre = *PMDir*

Metaphysische Anfangsgründe der Rechtslehre. Ed. bras.: Kant, I. *Princípios metafísicos da doutrina do direito*. Trad. Joãosinho Beckenkamp. São Paulo: Martins Fontes, 2014.

Tugendlehre = *PMDVir*

Metaphysische Anfangsgründeder Tugendlehre. Ed. bras.: Kant, I. *Princípios metafísicos da doutrina da virtude*. In: Kant, I. *Metafísica dos costumes*. Trad. Clélia A. Martins et al. Petrópolis: Vozes, 2013.

Metaphysische Anfangsgründe der Natur Wissenschaft = *PMCNat*

Ed. port.: Kant, I. *Princípios metafísicos da ciência da natureza*. Trad. Artur Morão. Lisboa: Edições 70, 1990.

Mutmaßlicher Anfang = *Começo Conjectural*

Mutmaßlicher Anfang *der Menschengeschichte*. Ed. bras.: Kant, I. *Começo conjectural da história humana*. Trad. Edmilson Menezes. São Paulo: Editora Unesp, 2010.

Prolegomena = *Prolegômenos*

Prolegomena *zu einer jeden künftigen Metaphysik, die als Wissenschaften wird auftreten können*. Ed. bras.: Kant, I. *Prolegômenos*. Trad. Tania Maria Bernkopf. In: *Kant (II): textos selecionados*. São Paulo: Abril Cultural, 1984 (Col. Os Pensadores).

Rezensionen zu Herder = *Herder 1ª Rec* e *Herder 2ª Rec*

Rezensionen zu *J. G. Herders Ideen zur Philosophie de Geschichte der Menschheit*. Ed. bras.: Kant, I. *Ideias para uma filosofia da história da humanidade de Johann Gottfried Herder*. In: Kant e a primeira recensão a Herder: comentários, tradução e notas de J. T. Klein. *Studia Kantiana*, v.10, n.13, 2012, e Kant e a segunda recensão a Herder: comentários, tradução e notas de J. T. Klein. *Studia Kantiana*, v.11, n.14, 2013.

Träume eines Geistsehers, erläuterung durch Träume der Metaphysik = *Sonhos*

Ed. bras.: Kant, I. *Sonhos de um visionário explicados por sonhos da metafísica*. In: *Escritos pré-críticos*. São Paulo: Editora Unesp, 2005, p.141-218.

Über der Gebrauch = *Princípios Teleológicos*

Über *der* Gebrauch *teleologischer Prinzipien in der Philosophie*. Ed. bras.: Kant, I. *Sobre o uso de princípios teleológicos na filosofia*. Introdução, tradução e notas de Márcio Pires. Revisão de Clélia A. Martins. In: *Trans/Form/Ação*, 36(1), p.211-38, 2013.

Über den Gemeinspruch = *Teoria e Prática*

Über den *Gemeinspruch: Das mag in der Theorie richtig sein, taugt aber nicht für die Praxis*. Ed. port.: Kant, I. *Sobre a expressão corrente: Isto pode ser correto na teoria, mas nada vale na prática*. In: *A paz perpétua e outros opúsculos*. Trad. Artur Morão. Lisboa: Edições 70, 1998.

Über ein vermeintes Recht = *Direito de Mentir*

Über ein vermeintes *Recht, aus Menschenliebe zu lügen*. Ed. bras.: Kant, I. *Sobre um suposto direito de mentir por amor à humanidade*. Trad. Floriano S. Fernandes. In: *Textos seletos*. Edição bilíngue. Petrópolis: Vozes, 1974.

Versuch über die Krankheiten des Kopfes = *Doenças*

Ed. port.: Kant, I. *Ensaio sobre as doenças da cabeça*. Tradução e introdução de Pedro M. Panarra. In: *Revista Filosófica de Coimbra*, v.19, n.37, 2010.

Von der verschiedenen rassen der menschen = *Raças 2*

Ed. bras.: Kant, I. *Das diferentes raças humanas*. Trad. Alexandre Hahn. *Kant e-Prints*, Campinas, Série 2, v.5, n.5, p.10-26, número especial, 2010.

Vorlesungen über die Metaphysik = *Lições*

Ed. bras.: Kant, I. *Lições de metafísica*. Introdução, tradução e notas de Bruno Cunha. Petrópolis/Bragança Paulista: Vozes/Edusf, 2022.

Welches sind die wirklichen Fortschritte, die die Metaphysik seit Leibnitzens und Wolf's Zeiten in Deutschland gemacht hat? = *Progressos*

Ed. port.: Kant, I. *Os progressos da metafísica*. Trad. Artur Morão. Lisboa: Edições 70, 1985.

Frieden = *PPerpétua*

Zum ewigen Frieden. Ed. bras.: Kant, I. *À paz perpétua*. Trad. Marco Zingano. Porto Alegre: L&PM, 2008.

Se tenho um livro que faz as vezes de meu entendimento, um diretor espiritual que tem consciência por mim, um médico que decide em meu lugar minha dieta etc., então eu próprio não preciso me esforçar. Não preciso pensar, quando posso simplesmente pagar; outros farão por mim essa tarefa aborrecida.

(Kant, *Resposta à pergunta: O que é o Iluminismo?*)

A liberdade de pensar significa que a razão não se submente a nenhuma outra lei senão a que dá a si própria.

(Kant, *O que é orientar-se no pensamento?*)

Advertência

Nas páginas que seguem, salvo exceção, escolhi me referir aos textos de Kant mais do que aos dos comentadores. Mas é evidente que minha dívida para com aqueles e aquelas que exploraram os arcanos do pensamento de Kant é considerável. As traduções que escolhi utilizar foram seguidamente emendadas, o que não me pareceu oportuno sublinhar.

Versões anteriores dos capítulos dois e três do livro apareceram em J.-F. Kervégan (org.), *Raison pratique et normativité chez Kant: droit, politique, cosmopolitique*, ENS Editions, 2010, p.89-109, e em P. Osmo (org.), *Lectures de Kant*, Ellipses, 2010, p.235-51. Essas versões foram expressivamente revisadas e aumentadas para a presente publicação.

Considerações iniciais: as mãos de Kant

O kantismo tem as mãos limpas,
embora não as possua.[1]

A oposição entre teorias deontológicas e consequencialistas (às quais, às vezes, se acrescenta um terceiro tipo de teoria moral, a ética das virtudes) é, atualmente, um *topos* da literatura metanormativa, mesmo quando considerado o grande número de filósofos contemporâneos que se empenham em atenuar esta oposição e extrair um termo médio ou híbrido entre o consequencialismo – o qual, mesmo na variante constituída pelo utilitarismo de regras, é, de algum modo, sempre voltado para o *act-centred*) – e o deontologismo que, seguindo a terminologia de Samuel Scheffler, é *agent-centred*;[2] e fala-se também de uma perspectiva "relativa ao agente" e de uma perspectiva "neutra quanto ao agente".[3] Seja qual for o sentido de tais expressões,

1 Péguy, *Victor-Marie, comte Hugo*, p.331.
2 Scheffler, *The Rejection of Consequencialism*.
3 Nagel, *Le point de vue de nulle part*, p.197 ss.

partidários e adversários da posição deontológica estão de acordo em tomar Kant como seu representante característico, do mesmo modo que estão de acordo em identificar na filosofia prática kantiana traços tipicamente antiutilitaristas, portanto, anticonsequencialistas.[4] Ao que parece, com alguma razão, Kant não faz da noção de obrigação (*Pflicht*) o centro de sua filosofia moral? Não critica expressamente o destaque exclusivo dado à "preocupação com as consequências", sublinhando que "é completamente diferente ser veraz (*wahrhaft*) por obrigação e sê-lo por receio das consequências desvantajosas"? Com efeito, explica-nos ele: "no primeiro caso, o conceito de ação já contém em si mesmo uma lei para mim, enquanto no segundo seria necessário primeiro considerar quais efeitos sobre mim se associam a tal ação".[5] As consequências dramáticas às quais pode conduzir essa "orientação fundamental, exclusivamente deontológica", são observadas nas "teses indesejáveis",[6] formuladas no opúsculo publicado por Kant, em 1797, em resposta a Benjamin Constant: *Sobre o pretenso direito de mentir por amor à humanidade.* Tais consequências beiram ao absurdo quando Kant subscreve "a proposição que soa um pouco retumbante, mas verdadeira": *fiat justitia, pereat mundus* (faça-se justiça, ainda que o mundo pereça).[7]

Revisemos brevemente a polêmica com Constant, pois ela ilustra de modo exemplar o debate entre as posições deonto-

4 Kersting, *Wohlgeordnete Freiheit. Immanuel Kants Rechts - und Staatsphilosophie*, p.4.

5 Kant, *Grundlegung*, *AA* IV, p.402; *FMC*, p.135.

6 Larmore, *Modernité et morale*, p.115.

7 Kant, *Frieden*, *AA* VIII, p.378; *PPerpétua*, p.71.

lógica e consequencialista. No capítulo VIII (*Dos princípios*) do opúsculo *Sobre as reações políticas*, Constant critica "um filósofo alemão" – trata-se, sabidamente, de Kant – por ter extraído consequências absurdas do "princípio moral segundo o qual dizer a verdade é um dever", uma vez que tomar tal princípio "de maneira absoluta e isolada" conduz a consequências que poderiam tornar "impossível a vida em sociedade". Ele fustiga Kant, "que chegaria ao ponto de sustentar que a mentira seria um crime em circunstâncias nas quais assassinos perguntassem a alguém se um seu amigo, por eles perseguido, não estaria homiziado em sua casa".[8] Constant não contesta que a moral, "ciência muito mais profunda do que a política", requer princípios, princípios que são, acrescenta ele em termos bem kantianos, "abstratos", "universais" e "absolutos".[9] Porém, separa-se de Kant ao afirmar que o princípio moral, que "resulta de um certo número de fatos particulares", "não é geral senão de modo relativo, não em sentido absoluto".[10] Por isso, são necessários "princípios intermediários" ou "secundários" para definir as condições de aplicação dos princípios gerais, os quais, tomados neles mesmos, não possuem "relação direta com nossos interesses e estão em oposição aos preconceitos que protegem a estes".[11] No caso do princípio da veracidade ("Não se deve mentir"), o princípio intermediário poderia ser formulado do seguinte modo:

8 Constant, *Des réactions politiques*, p.136.
9 Constant, *Des réactions politiques*, p.135.
10 Constant, *Des réactions politiques*, p.134.
11 Constant, *Des réactions politiques*, p.136.

> Dizer a verdade não é um dever, senão perante aqueles que têm direito à verdade. Ora, nenhum homem que prejudique a outrem tem direito à verdade.[12]

Constant não nega, portanto, que a moral deva estar fundada em algo como imperativos (condicionais, é verdade), porém considera necessário temperar o rigor dos princípios com critérios de aplicabilidade que levem em conta as circunstâncias e que permitam sopesar as consequências dessa aplicação em contextos determinados. Está fora de questão, portanto, "rejeitar o princípio", mas é necessário "examinarmos atentamente as consequências".[13] Contemporaneamente, dir-se-ia que Constant sustenta uma concepção "híbrida", segundo a qual o presumido caráter absoluto dos princípios deontológicos é modulado pela atenção às consequências não só morais, mas também sociais e políticas de sua aplicação.

A resposta, muito firme, de Kant a Constant é instrutiva tanto no que diz respeito à sua concepção de moral quanto ao modo como concebe a relação entre direito e moral (na verdade, seria mais adequado dizer *ética*. Tal distinção será retomada no capítulo três). A resposta demonstra, e esse é o ponto que aqui principalmente me interessa, que Kant, a despeito de seu deontologismo ostensivo, não é de modo algum indiferente às consequências da aplicação (política e social) dos princípios normativos (jurídicos e éticos). Primeiramente, ele se desembaraça do princípio intermediário, tal como formulado por Constant, ao observar que "a expressão 'ter direito à verdade'

---

12 Constant, *Des réactions politiques*, p.137.

13 Constant, *Des réactions politiques*, p.137-8.

é desprovida de sentido", pois torna a verdade de uma proposição dependente de meu assentimento voluntário, "o que daria lugar a uma lógica peculiar". No máximo, admite Kant, "o homem tem direito à sua própria *veracidade*, isto é, à verdade subjetiva em sua própria pessoa".[14] Habermas retomará essa distinção ao fazer da veracidade (ou da sinceridade) um dos quatro critérios de um ato de fala bem-sucedido, de acordo com a teoria do agir comunicativo.[15]

Mas, no essencial, a resposta assenta em dois pontos. Inicialmente, Kant sustenta que sua posição não implica nenhuma indiferença quanto às consequências da observância do princípio da veracidade, o qual, a seus olhos, é um "mandamento sagrado, incondicional da razão".[16] E até mesmo inverte o ônus da prova ao apontar que aquele que, ao mentir em nome da humanidade, o infringir é, "do ponto de vista jurídico, responsável por todas as consequências imprevistas que daí possam vir a surgir".[17] Em seguida, Kant ilustra seu objetivo de modo casuístico. Suponha-se que eu minta aos vilões que me perguntam se a sua vítima está refugiada em minha casa. Caso acreditem em mim, eles irão caçá-la nas cercanias. E se, nesse ínterim, temendo ser descoberta, a vítima tiver fugido pela janela de minha residência, ela correrá o risco de defrontar-se com seus perseguidores. Em tal caso, como resultado de minha mentira, a vítima cairia nas mãos dos vilões e essa "consequência im-

---

14 Kant, *Über ein vermeintes Recht*, *AA* VIII, p.426; *Direito de Mentir*, p.118-20.

15 Ver Habermas, *Théorie de l'agir communicationnel*, t.1, p.112-8 e 335-45; *Vérité et justification*, cap.2, p.13 77.

16 Kant, *Über ein vermeintes Recht*, *AA* VIII, p.427; *Direito de Mentir*, p.122.

17 Kant, *Über ein vermeintes Recht*, *AA* VIII, p.427; *Direito de Mentir*, p.122.

prevista" seria de minha responsabilidade. Em contrapartida, "se te ativeres estritamente à verdade, a justiça pública nada pode fazer-te, quaisquer que sejam as consequências imprevistas que se sigam de teus atos",[18] pois é somente por acidente que a declaração poderá prejudicar alguém. Nesse sentido, o dano causado "não é um ato livre (em sentido jurídico)": não se trata de um ato premeditado.[19] Podemos imaginar outro exemplo: o médico que oculta de seu paciente que ele está acometido por uma doença incurável será responsável pela morte do enfermo caso ele venha a pôr fim a sua vida quando descobrir, através de outra pessoa, a gravidade de seu estado. Por outro lado, caso o médico tenha informado seu diagnóstico ao paciente tendo tomado todas as precauções necessárias e este se suicide para abreviar seu sofrimento, não cabe ao médico nenhuma responsabilidade sobre tal desfecho, pois é seu dever esclarecer o enfermo a respeito de seu estado de saúde. Dito de outro modo, o raciocínio de Kant é o seguinte: eu sou *sempre* responsável pelas consequências previsíveis de minha ação, as quais é necessário tomar em conta. Porém, no que concerne às consequências imprevistas ou casuais, elas são imputáveis somente por violação deliberada de um princípio "absolutamente imperativo", mas não o são no caso em que o sujeito o respeite. Como em Constant, confrontamo-nos com uma posição mista ou híbrida, pois Kant traça uma distinção entre consequências previsíveis e imprevisíveis, julgando que estas só devem ser levadas em consideração quando a ação ou sua máxima infringe a lei moral. Essa posição, que pode ser qualificada como um deontologismo mitigado, à primeira vista, parece incoerente:

18 Kant, *Über ein vermeintes Recht, AA* VIII, p.427; *Direito de Mentir*, p.122.
19 Kant, *Über ein vermeintes Recht, AA* VIII, p.428; *Direito de Mentir*, p.124.

por que as consequências imprevistas me são imputáveis quando eu minto e não o são quando eu digo a verdade?

A resposta a esta pergunta, e eis o segundo elemento da réplica kantiana, consiste em deslocar a discussão do terreno da moral ou da ética para o do direito. Na verdade, antes de ser um princípio ético, o que de uma outra perspectiva ele também é, o princípio da veracidade é um princípio fundamental do *direito*, pois, como já destacara Hume, a própria possibilidade das transações jurídicas é dependente desse princípio.[20] Por seu turno, Kant afirma:

> A veracidade é um dever que tem de ser considerado como a base de todos os deveres a serem fundados em um contrato [...]. É, portanto, um mandamento sagrado da razão, que ordena incondicionalmente, e não pode ser limitado por nenhuma conveniência.[21]

Com efeito, se eu me comprometer a prestar certo serviço com a reserva mental de que não o farei a menos que isso me convenha, então nenhum contrato será mais possível, pois todo contrato pressupõe objetivamente (e esta não é uma questão psicológica, mas jurídica) a *bona fides* dos contratantes. Portanto, tratando-se do "pretenso direito de mentir", "é o dever jurídico que está em questão".[22] A *Metafísica dos costumes* será ainda mais clara: "a legislação segundo a qual as promessas têm de ser cumpridas não reside na ética, mas no *Ius*".[23] *Mutatis mutandis*,

20 Ver Hume, *Tratado da natureza humana*, III, 5.

21 Kant, *Über ein vermeintes Recht*, *AA* VIII, p.427; *Direito de Mentir*, p.124.

22 Kant, *Über ein vermeintes Recht*, *AA* VIII, p.426; *Direito de Mentir*, p.122.

23 Kant, *MdS*, *Einleitung*, *AA* VI, p.220; *PMDir*, p.21-2.

o argumento de Kant sobre o direito de mentir é o seguinte: é impossível introduzir qualquer restrição ao princípio da veracidade, pois a simples possibilidade do comércio regulado legalmente, e, por conseguinte, da própria sociedade organizada, depende dele. Portanto, do ponto de vista – que é o principal – de uma "metafísica do direito", nenhuma transgressão a essa regra é aceitável independentemente de qual seja sua justificativa (pois, como dirá Hegel, quando nos convém, sempre encontraremos "uma boa razão" para infringir o direito e a moral).[24] Tal transgressão é inaceitável precisamente porque uma tal metafísica (veremos mais à frente o significado preciso desse termo) "abstrai de todas as condições da experiência".[25]

Isto quer dizer que devemos ser indiferentes às consequências? Não, pois, antes de tudo, o ator é sempre responsável pelas consequências previstas de seu ato, sendo juridicamente imputável em função delas. Ao tratar, na sequência, das consequências imprevistas ou fortuitas, Kant não pretende que elas sejam desprezadas. Sustenta, antes, e neste ponto sua posição aproxima-se da de Constant, que ao levar em consideração os efeitos secundários ou os danos colaterais, como se queira, opera-se menos no terreno do direito do que no campo da política entendida em sentido amplo. Os "princípios intermediários" de Constant são os instrumentos de modulação "política" do direito em sentido estrito; são as *policies* e não os *principles*, como dirá Dworkin.[26] Mas esses princípios, que têm sua importância e sua esfera de validade, estão necessariamente subordinados aos princípios

---

24 Ver Hegel, *Grundlinien der Philosophie des Rechts* [*Grundlinien*], § 140 *Anm.*, p.268; *Principes de la philosophie du droit*, p.299.

25 Kant, *Über ein vermeintes Recht*, *AA* VIII, p.429; *Direito de Mentir*, p.126.

26 Ver Dworkin, *Prendre les droits au sérieux*, p.79 ss.

jurídicos universais, que modelam a aplicação e gozam de prioridade lexical no sentido rawlsiano do termo: "o direito nunca tem de adequar-se à política, mas é a política que sempre haverá de adequar-se ao direito".[27] A razão normativa, que determina tanto os princípios do direito quanto os da ética, não é indiferente às consequências, sem, contudo, guiar-se por elas. Cabe ao entendimento político – à política compreendida como uma doutrina do direito aplicada – a tarefa de determinar o modo em que deverão ser considerados.

Podemos considerar, no entanto, que o adágio *fiat justitia, pereat mundus* – sentença que Hegel, um consequencialista convicto, distorcerá ironicamente em *A Constituição da Alemanha*[28] – resiste à interpretação deflacionista do "deontologismo" kantiano. Não obstante, a interpretação e o comentário propostos por Kant não me parecem fazê-las revisáveis. Em primeiro lugar, ele "traduz" o adágio latino nos seguintes termos: "Que reine a justiça, ainda que para isso pereçam todos os velhacos do mundo".[29] As consequências do princípio, ou, pelo menos, as consequências *desejáveis*, são realmente levadas em consideração. Algumas linhas a seguir, Kant insistirá sobre o sentido de este levar em conta: "o mundo absolutamente não perecerá de modo nenhum por haver menos homens maus".[30] O comentário que ele propõe à fórmula "enfática, mas verdadeira" vai no mesmo sentido:

27 Kant, *Über ein vermeintes Recht*, *AA* VIII, p.429; *Direito de Mentir*, p.126.

28 Ele a transforma em "*fiat justitia, pereat Germania!*": ver Hegel, *Di Verfassung Deutschlands*, em *Werke* 1, p.469; *La Constitution de l'Allemagne*, em *Écrits politiques*, p.40.

29 Kant, *Frieden*, *AA* VIII, p.378; *PPerpétua*, p.70 e 71.

30 Kant, *Frieden*, *AA* VIII, p.379; *PPerpétua*, p.72.

> Esta proposição não quer dizer senão que as máximas políticas têm de provir não do bem-estar e felicidade que cada Estado pode esperar de sua observância, portanto não do fim que cada um deles dá a si por objeto (do querer), como o princípio supremo (porém empírico) da sabedoria – mas do conceito puro do dever legal (do dever cujo princípio *a priori* é dado pela razão pura) quaisquer que sejam também as circunstâncias físicas disso.[31]

Este comentário torna manifesto o modo como Kant interpreta a máxima *fiat justitia, pereat mundus*: ela significa a exigência de subordinação absoluta da política ao direito, das regras prudenciais (que efetivam a primeira, a sabedoria política) aos princípios puramente racionais do direito. A *Metafísica dos costumes* fornecerá uma justificação elaborada dessa necessária juridicização da política cuja constituição republicana ("uma constituição interna fundada sobre os princípios puros do direito") e a formulação de uma ordem internacional equitativa são as peças essenciais. Quanto às consequências das escolhas políticas, elas são de fato levadas em conta, posto que Kant diz-se convencido de que a implementação de uma política do direito (ou seja, uma política que privilegia o respeito aos direitos mais que a satisfação dos interesses particulares) terá por efeito a redução das ações danosas. Dito de outro modo, mesmo supondo que a avaliação das consequências materiais de uma política do direito revele-se negativa e não satisfaça o princípio benthamita da maior felicidade para o maior número, as consequências *morais* serão, de todo modo, positivas, pois "haverá menos homens maus". Afigura-se, portanto, que, contrariamente à interpretação mais difundida, a filosofia normativa de Kant

31 Kant, *Frieden*, *AA* VIII, p.379; *PPerpétua*, p.72.

não é, de modo algum, um deontologismo estrito, mas, como antecipei, um deontologismo mitigado, que leva em consideração os efeitos da aplicação das normas (jurídicas) colocando-os sistematicamente em equilíbrio (consequências previsíveis *vs.* imprevisíveis; consequências físicas *vs.* morais). Portanto, também é possível considerar que a filosofia kantiana implica uma espécie de consequencialismo seletivo. De resto, é certo que a posição de Kant é radicalmente antiutilitarista, muito embora o consequencialismo não se confunda com o utilitarismo.

Nesses termos, a filosofia prática de Kant, tema deste livro, pode ser tomada como um convite a superar a dicotomia bastante cômoda entre deontologismo e consequencialismo. Tal filosofia, eis a tese da presente obra, é, *antes de mais nada*, uma teoria da racionalidade normativa, uma teoria que só é "formalista" quando se entende mal a natureza das operações racionais e daquilo que as sustenta. Ademais, como veremos, a filosofia prática kantiana teve uma evolução importante. Se, a rigor, é possível qualificar a posição apresentada na *Fundamentação da metafísica dos costumes* (aquela que Péguy tinha em mente quando enunciou seu comentário irônico) como deontológica, leia-se formalista, será muito mais difícil aplicar esta mesma caracterização ao Kant da *Paz perpétua* e, sobretudo, ao da *Metafísica dos costumes*. A crescente valorização disto que chamarei de razão jurídica – que se conforma simultaneamente às razões internas e externas ao sistema kantiano – implica um descentramento no *plano* de análise: o interesse principal desloca-se das "máximas" e das "disposições" subjetivas (sem que por isso sejam excluídas da análise) para as "ações" e, portanto, inevitavelmente, para o caráter material dos efeitos que produzem no mundo. Entretanto, para avaliar de modo adequado esses efeitos, convém dispor de *normas* que unicamente a razão pode estabelecer.

Pois, a moral não é uma "doutrina da felicidade" e não pode estar fundada em avaliações empíricas: "é a razão que ordena como se deve agir", a qual, *neste sentido*, "não leva em consideração de modo algum a vantagem que daí nos possa provir".[32] [Embora] A razão normativa "permite que busquemos nossa vantagem", e que esperemos que "da obediência aos seus mandamentos seguir-se-ão, na média, vantagens maiores do que aquelas que resultariam de sua transgressão".[33] O essencial, contudo, não se encontra nesse ponto. Antes, em que a operação por meio da qual a razão prescreve normas é a expressão própria da liberdade, ou seja, da *autonomia* do ser racional. É "moral" (e veremos que esse predicado aplica-se também ao direito) a vontade que "une em si a liberdade e a lei".[34] Existe – eis a descoberta da *Grundlegung* da qual resulta toda a "filosofia prática" de Kant – uma conexão necessária entre liberdade, racionalidade e normatividade. Tal conexão declina-se, de resto, de diferentes maneiras segundo o campo de que nos ocuparmos, que é de onde deriva o plural do título deste livro: *A razão das normas*; pois subentende-se que um mesmo regime de racionalidade organiza os diferentes campos normativos da ética e do direito. Parece-me que a parte mais fecunda e atual do pensamento kantiano está dedicada ao desenvolvimento das consequências dessa descoberta, mas, talvez, Kant tenha deixado aos seus sucessores a tarefa de levá-la a cabo.

---

32 Kant, *MdS*, *Einleitung*, *AA* VI, p.216; *PMDir*, p.17.

33 Kant, *MdS*, *Einleitung*, *AA* VI, p.216; *PMDir*, p.17.

34 Kant, *Opus postumum*, *AA* XXII, p.123; *Opus postumum* (ed. franc.), p.175. Eis o último eco da formulação matricial de 1785: "uma vontade livre e uma vontade submissa às leis morais são então uma só e a mesma coisa" (*Grundlegung*, *AA* IV, p.447; *FMC*, p.349).

I
Liberdade

O conceito de liberdade [...] não se constitui num objeto de conhecimento teórico que nos seja acessível.[1]

É conhecida a declaração que figura no início do prefácio da *Crítica da razão prática*:

> Ora, o conceito de liberdade, na medida em que sua realidade é provada por uma lei apodíctica da razão prática, constitui [...] o fecho de abóbada de todo o edifício de um sistema da razão pura, mesmo da razão especulativa.[2]

A questão que se coloca é a de saber de *qual* conceito de liberdade se trata. Kant distingue, na *Crítica da razão pura*, mas também na *Crítica da razão prática* e em outros textos, mais de um conceito de liberdade, os quais frequentemente funcionam

1 Kant, *MdS*, *Einleitung*, *AA* VI, p.221; *PMDir*, p.23.
2 Kant, *KpV*, *AA* V, p.3; *CRPr*, p.5.

em pares e cuja relação exata não é nada evidente.[3] É assim que a antinomia da razão pura (especulativa) distingue liberdade prática e liberdade transcendental, sendo a segunda o "fundamento" da primeira.[4] Ela enfatiza, além disso, que a liberdade transcendental não constitui senão uma parte do "conceito psicológico" de liberdade, que é "em grande parte empírico".[5] O texto não indica de modo claro se a liberdade transcendental se confunde, ou não, com a liberdade "em sentido cosmológico" (em minha interpretação, considero necessário distingui-las). Kant traça também uma distinção (que se encontra em escritos posteriores, quando a liberdade cosmológica desaparece) entre um sentido "negativo" e um sentido "positivo" da liberdade; entre a liberdade como independente com relação às condições empíricas e a liberdade como autodeterminação racional.[6] Ainda que as formulações não sejam todas coincidentes (na primeira *Crítica*, ora Kant identifica liberdade negativa e liberdade prática, ora não; na *Grundlegung* e na segunda *Crítica*, ele insiste na necessidade de conceber a liberdade prática de modo

3 É um mérito de Heidegger, em seu curso *Da essência da liberdade humana* (*GA* XXXI), ter tentado pensar a articulação dos vários conceitos de liberdade trabalhados nas duas primeiras *Críticas*, em particular os de liberdade transcendental, liberdade cosmológica e liberdade prática. Todavia, a régua de leitura de Heidegger – "a questão da essência da liberdade humana se encontra necessariamente inserida na questão que pergunta *o que é o ente propriamente*" (*De l'essence de la liberté humaine*, p.41) – e a tese do "caráter ofensivo" do questionamento filosófico conduz a um caminho diferente daquele que é seguido aqui.

4 Kant, *KrV*, B 561.

5 Kant, *KrV*, B 476.

6 Kant, *KrV*, B 581-2.

positivo, como autonomia), parece que esta oposição entre liberdade "positiva" e liberdade "negativa" (que, evidentemente, é muito distinta do emprego que Isaiah Berlin faz dessas expressões[7]) *é* transversal à distinção da liberdade prática e da liberdade transcendental. A distinção corresponde mais a dois modos, desigualmente pertinentes, de apreender "a" liberdade. Contudo, parece claro que a liberdade transcendental entendida em sentido estrito, a saber, o "poder de começar por si mesmo uma série de eventos",[8] não pode ser compreendida de modo unicamente negativo: ela não pode ser simplesmente concebida como o inverso do determinismo natural. Bem entendido, isso tem repercussões sobre o modo como se deve entender os outros conceitos de liberdade, em primeiro lugar, o de liberdade prática, que expressa a entrada em jogo de uma racionalidade normativa. Então, não é surpreendente que a *Grundlegung*, a segunda *Crítica* e a *Metafísica dos costumes* insistam em que somente o conceito positivo da liberdade como autonomia (leia-se como "autocracia"[9]) permite pensar, pelo menos a título de possibilidade, em "leis práticas incondicionais", dito de outro modo: uma normatividade moral (ao mesmo tempo jurídica e ética).[10]

Esforçar-me-ei para pôr ordem nesse agregado de conceitos de liberdade, apoiando-me em uma hipótese que convirá comprovar: a de que Kant, em seus escritos posteriores a 1781,

7 Berlin, *Two Concepts of Liberty*.

8 Kant, *KrV*, B 582.

9 Kant, *MdS*, *Tugendlehre*, *AA* VI, p.383; *MC*, p.288. Ver também *Welches sind die wirklichen Fortschritte, die die Metaphysik seit Leibnitzens und Wolf's Zeiten in Deutschland gemacht hat?*, *AA* XX, p.295; *Progressos*, p.66-7.

10 Kant, *MdS*, *Einleitung*, *AA* VI, p.221; *PMDir*, p.23.

ao realizar ele próprio esse trabalho de ordenação e remanejo dos conceitos de liberdade mobilizados na primeira *Crítica*, foi levado a modificar de modo substancial a concepção de liberdade que inicialmente fora a sua e, sobretudo, também levado a redefinir profundamente as relações entre liberdade, racionalidade, vontade (*Wille*) e arbítrio (*Willkür*). A meu ver, essa refundição vai muito além da "invenção da autonomia", que se realiza, como já dito, na *Grundlegung* de 1785, pois conduz, antecipando o ponto em questão, ao rompimento da implicação lógica entre os conceitos de liberdade e vontade. Ao termo dessa evolução, na *Religionsschrift* e na *Metafísica dos costumes*, a liberdade torna-se propriedade tão só do arbítrio, *Willkür*. De sua parte a vontade se encontra identificada à própria razão prática, cuja vocação é a de fornecer ao arbítrio, através da "lei moral", um "princípio de determinação".[11] Eis a razão pela qual sua leitura parece-me frutífera para quem, no domínio dos questionamentos levantados pela filosofia contemporânea, se interessa pelo estatuto da racionalidade normativa a partir de uma perspectiva não utilitarista.

Liberdade cosmológica, liberdade transcendental, liberdade prática

Quanto ao essencial, na *Crítica da razão pura*, o problema da liberdade é abordado essencialmente em duas passagens. Em "A antinomia da razão pura", segundo capítulo da "Dialética transcendental", quando da exposição do terceiro conflito das ideias transcendentais e nos comentários subsequentes,

11 Kant, *MdS*, *Einleitung*, *AA* VI, p.213; *PMDir*, p.14.

que tratam do "conceito cosmológico" de liberdade e também da "ideia transcendental de liberdade", ainda que a relação dos dois conceitos não seja claramente definida. Nesse momento, Kant apresenta uma série de esclarecimentos sobre a relação entre a liberdade transcendental e a liberdade prática, em particular na subseção intitulada "Resolução [do problema posto pelas] ideias cosmológicas relativas à totalidade da derivação dos eventos do mundo a partir das suas causas".[12] A segunda passagem encontra-se no segundo capítulo da "Doutrina transcendental do método", intitulada "Cânon da razão pura". Esse capítulo apresenta os princípios do "uso prático da razão" e, para fazê-lo, define a liberdade *prática* em função do que a conecta e a distingue da liberdade transcendental. É bem conhecido que a concepção da filosofia prática exposta neste capítulo diferencia-se notadamente daquela que Kant irá introduzir, em 1785, na *Grundlegung der Metaphysik der Sitten*, e que, em 1788, desenvolverá na *Crítica da razão prática*. Diferença que repousa, principalmente, na ausência, na primeira *Crítica*, do conceito-chave de autonomia. Um bom indicativo dessa diferença é que, enquanto Kant virá, posteriormente, a insistir no caráter único e não demonstrativo da "prova" da liberdade, por meio da doutrina do "fato da razão", o "Cânon" afirma que "a liberdade prática pode ser demonstrada pela experiência".[13] Eis o que a segunda *Crítica* contestará formalmente (pois, isso levaria a

12 Kant, *KrV*, B 560-86. A adjunção do inciso entre colchetes se explica porque não são as ideias cosmológicas nelas mesmas que se trata de "resolver" ou de "dissolver" (*auflösen*), mas antes, os "problemas" (*Aufgaben*) que eles colocam, veja-se *KrV*, B 546.

13 Kant, *KrV*, B 830.

admitir, ao menos indiretamente, que pode haver uma forma de conhecimento teórico dessa liberdade, malgrado esta seja dita "insondável"). De outra parte, o "Cânon" dissocia estritamente as questões da liberdade prática e da liberdade transcendental, ao passo que a segunda *Crítica* sustentará que a primeira não funciona sem a segunda. No texto de 1781, a liberdade prática é apresentada como uma "causa natural", "conhecida pela experiência", ao passo que a liberdade transcendental, resolutamente metaempírica, "permanece como um problema"; um problema que interessa exclusivamente ao "saber especulativo"[14] e, portanto, não tem incidência sobre questões normativas. Não obstante, Kant sustentou o contrário no exame crítico da terceira antinomia, onde é dito que o conceito prático da liberdade "funda-se" sobre a ideia de liberdade transcendental.[15]

Retornemos a uma dificuldade já evocada, mas que Kant não trata expressamente: qual é a relação entre as ideias *cosmológica* e *transcendental* da liberdade? À primeira vista, "A antinomia da razão pura" parece identificá-las. Ela utilizaria duas denominações para um único e mesmo conceito. Quando muito, poder-se-ia dizer que as ideias cosmológicas correspondem a um uso particular das ideias transcendentais, uso empregado para dar conta da "síntese empírica" ou da "síntese dos fenômenos".[16] E, no entanto, não é nada disso, mesmo que a liberdade transcendental esteja analiticamente incluída na noção de liberdade cosmológica. De resto, Kant preocupa-se, por vezes, em distingui-las, como quando declara ao concluir a antinomia:

14 Kant, *KrV*, B 831.
15 Kant, *KrV*, B 561.
16 Kant, *KrV*, B 434.

> Enquanto nossos conceitos racionais não possuem por objeto senão a totalidade das condições [presentes] no mundo sensível [...], nossas ideias são, em verdade, transcendentais e, *inobstante*, cosmológicas.[17]

De acordo com o significado estrito do termo "transcendental", que designa o que explica a possibilidade do conhecimento *a priori*,[18] liberdade *transcendental* (que não é senão uma parte de nossa representação do que é a liberdade, ou seja, de seu "conceito psicológico", que é "em grande medida empírico"[19]) é o conceito que a razão forma de uma causalidade incomensurável com o conceito epistêmico de causalidade, este último sempre estabelecendo as relações da condição ao condicionado (do tipo: se *a*, então *b*) no campo da experiência possível. "Liberdade transcendental" designa "uma espontaneidade absoluta das causas",[20] "um poder de iniciar absolutamente um estado e também a série de consequências deste estado",[21] o que equivale dizer, em outros termos, que designa "a espontaneidade absoluta da ação".[22] Esta noção (como, de

17 Kant, *KrV*, B 593. [Grifo de J.-F. Kervégan. (N. T.)]

18 "Denomino *transcendental* todo conhecimento que se ocupa menos com o conhecimento do que com nosso modo de conhecê-los, na medida em que este deve ser possível *a priori*" (*KrV*, B 25).

19 Kant, *KrV*, B 476.

20 Kant, *KrV*, B 474.

21 Kant, *KrV*, B 473.

22 Kant, *KrV*, B 476. Kant fala também da liberdade como "um poder de começar por si mesmo um estado", e indica que sua causalidade "não é, por sua vez, subordinada a uma outra causa que a determine no tempo" (*KrV*, B 561); todavia, é preciso notar que essa última definição é apresentada como a da... liberdade cosmológica!

resto, as outras ideias cosmológicas) é a de uma condição incondicionada, ou de uma causa não causada; por conseguinte, ela nomeia algo que, fora de alcance, excede radicalmente o campo de experiência possível, ao mesmo tempo que, passando o limite, oferece uma possível explicação *a priori* de certos fatos, nesse caso, uma "explicação" da existência de ações livres, imputáveis aos sujeitos e irredutíveis ao feixe de causas naturais do qual elas *também* resultam enquanto eventos empíricos.

Nele mesmo, o conceito *cosmológico* de liberdade designa o modo em que a liberdade transcendental pode ser "mobilizada" para dar conta dos eventos mundanos, considerados então como atos livres. (Um parêntese: vê-se, aqui, o quão Kant está distante de análises como as de Davidson, que reduzem as ações a eventos suscetíveis de uma explicação causal.[23] Em contrapartida, a distinção que faz Wittgenstein entre razões e causas pode, até certo ponto, receber uma interpretação kantiana.[24]) De modo geral, os argumentos cosmológicos têm "os pés no mundo", ao mesmo tempo que buscam sair dele, pois tendem precisamente, como diz Kant a propósito da quarta antinomia, a "elevar-se do condicionado no fenômeno ao incondicionado no conceito como a condição necessária da totalidade absoluta da série [de condições]".[25] O § 50 dos *Prolegômenos a toda a metafísica futura* explica de modo bastante claro esta especificidade das ideias cosmológicas, que é *pensar* (sem, por isso, a *conhecer*) a relação dos fenômenos empíricos com sua última

23 Ver Davidson, *Actions et événements*.

24 Ver Wittgenstein, *Eine philosophische Betrachtung* [*Das braune Buch*], p.161.

25 Kant, *KrV*, B 484.

condição transcendental, isso sendo o que constitui um uso *transcendente* (portanto, problemático) de conceitos racionais:

> Chamo esta ideia de cosmológica porque ela sempre toma seu objeto somente do mundo sensível, não carecendo de qualquer outra ideia a não ser aquela cujo objeto é um objeto dos sentidos e que, por conseguinte, na medida em que assenta sobre esse solo e não é transcendente, não é ainda uma ideia [...] No entanto, a ideia cosmológica estende tanto a ligação do condicionado a sua condição [...] que a experiência não pode mais fazer o mesmo e, por isso, ela é, deste ponto de vista, uma ideia cujo objeto não pode jamais ser dado de maneira adequada em experiência alguma.[26]

Por conseguinte, o uso *cosmológico* da ideia de liberdade consiste em utilizar a liberdade transcendental como princípio de explicação *teórica* dos eventos empíricos e mundanos, razão pela qual ele dá lugar a uma dialética (antinomia) cuja saída está não em considerar a liberdade transcendental como uma quimera, ou um puro *ens rationis*, mas em dissociar o plano de explicação teórica dos eventos pela cadeia da causalidade natural da imputação normativa desses mesmos eventos, considerados então como as ações, da liberdade de um agente. Compreende-se, assim, por que o conceito cosmológico de liberdade, apropriado a um uso cognitivo (imprudente) da ideia de liberdade, viria a desaparecer dos textos de filosofia prática, ao passo que a liberdade transcendental conserva plenamente

26 Kant, *Prolegomena*, § 50, *AA* IV, p.338; *Prolegômenos*, p.125.

ali o seu lugar (um lugar diferente, contudo, daquele que ocupava na construção cosmológica).

Passemos, então, às relações entre a liberdade transcendental e a liberdade prática. Mas antes, o que significa essa última noção? Na *Crítica da razão pura*, e retrospectivamente, isso não tem nada de surpreendente, a definição permanece bastante fluída e, sobretudo, a relação entre liberdade prática e liberdade transcendental enseja juízos divergentes, que revelam uma hesitação quanto à significação exata da primeira. Ainda que, no início da *Dialética transcendental*, Kant tenha declarado sua intenção de "deixar de lado as ideias práticas" para deter-se no exame das ideias da razão especulativa e "de modo ainda mais restrito, de seu uso transcendental",[27] durante a exposição da terceira antinomia e de sua solução, ele se vê naturalmente impelido a evocar, senão por mais, por antecipação, a relação entre liberdade transcendental e liberdade prática. Ele define, então, a liberdade prática (isto é, a liberdade da vontade ou do arbítrio em sua relação com as normas ditadas pela razão) como "independência do arbítrio com relação ao *constrangimento* (*Nötigung*) exercido pelos impulsos da sensibilidade",[28] o que corresponde ao que é denominado, alhures, liberdade em sentido negativo.[29] Essa independência é o que faz do arbítrio do homem (enquanto ser racional) um arbítrio possivelmente livre e não um *arbitrium brutum*. É necessário, então, concluir daí (essa conclusão permanece implícita nesta passagem; mas, em compensação, ela

27 Kant, *KrV*, B 386.

28 Kant, *KrV*, B 562.

29 Ver, por exemplo, *KpV*, *AA* V, p.33; *CRPr*, p.113 e *MdS*, *Einleitung*, *AA* VI, p.221; *PMDir*, p.23.

é explicitada na "Explicação da ideia cosmológica da liberdade em sua ligação com a necessidade universal da natureza"[30]) que a liberdade transcendental, enquanto espontaneidade absoluta, ou enquanto causalidade incausada, é a liberdade no sentido positivo; isto explicaria por que, nessa mesma passagem, ela seja apresentada como "aquilo sobre o que se funda o conceito prático de liberdade" e também a afirmação de que "a supressão (*Aufhebung*) da liberdade transcendental faria desaparecer simultaneamente toda a liberdade prática".[31]

Essa maneira de apresentar a relação entre liberdade transcendental e liberdade prática só se encontra no "Cânon da razão pura". Certamente, a "liberdade no sentido prático" é ainda definida como a propriedade da vontade livre ou do "livre-arbítrio"[32] (as duas palavras parecem ser, aqui, empregadas indiferentemente e continuarão assim nos escritos de 1785 e 1788, ao passo que na *Religionsschrift* e na *Metafísica dos costumes* elas serão estritamente diferenciadas; retornarei a esse ponto), um livre-arbítrio suscetível de ser "determinado independentemente dos impulsos sensíveis, portanto por causas motrizes que só podem ser representadas pela razão". A primeira parte da formulação evoca a interpretação da liberdade prática como liberdade negativa; em contrapartida, a segunda pode ser com-

30 Ver Kant, *KrV*, B 581-82: "e essa liberdade [da razão] não pode ser considerada de modo puramente negativo, como independência com relação a condições empíricas (pois então desapareceria o poder que tem a razão de ser uma causa dos fenômenos), mas pode-se também considerá-la de modo positivo como um poder de começar por si mesma uma série de eventos".

31 Kant, *KrV*, B 562.

32 Kant, *KrV*, B 829-30.

preendida como um esboço da doutrina da autonomia racional da vontade, que será exposta pela primeira vez na *Grundlegung* e será qualificada como "princípio supremo da moralidade".[33] No entanto, no "Cânon",[34] a liberdade transcendental não é mais apresentada como o "fundamento" da liberdade prática. E isso por duas razões. Primeiramente, porque Kant adota nesse texto uma definição estrita (cognitivista, se assim se desejar) da filosofia transcendental como não tratando senão com conhecimento *a priori*; ora, isso exclui de seu campo de abrangência o conjunto da filosofia prática, a qual trata de um objeto (a liberdade da vontade e com ela "todos os conceitos práticos") que, diz-nos ele, lhe é "exterior". Com relação a questões desse gênero, cabe apenas esforçar-se para manter-se "o mais próximo possível do transcendental".[35] Por conseguinte, nesse estágio, permanecem pelo menos duvidosas a existência de uma "faculdade de desejar superior"[36] e de uma razão prática *pura*,[37] assim como, consequentemente, as bipar-

---

33 Kant, *Grundlegung*, *AA* IV, p.440; *FMC*, p.285. Ver *AA* IV, p.439; *FMC*, p.281: "A moralidade é, portanto, a relação das ações com a autonomia da vontade, ou seja, com a legislação universal que é possível graças às máximas dessa vontade".

34 Não me pronuncio sobre a questão de determinar se a redação do Cânon não é, como se diz, mais antiga que a da antinomia. Considero a questão unicamente do ponto de vista do rigor argumentativo.

35 Kant, *KrV*, B 829.

36 Ver Kant, *KpV*, *AA* V, p.22-5; *CRPr*, p.77-85. Ver, igualmente, *MdS*, *Einleitung*, *AA* VI, p.213; *PMDir*, p.13, onde Kant fala da "faculdade de desejar segundo conceitos".

37 Ver Kant, *KpV*, *AA* V, p.15, 16 e 31; *CRPr*, p.57: somente a razão pura pode ser prática (normativa).

tições da filosofia em filosofia teórica e filosofia prática[38] e da metafísica em metafísica da natureza e metafísica dos costumes.[39] A segunda razão é que seria paradoxal fazer da liberdade transcendental o fundamento da liberdade prática e de ver na primeira um "conceito positivo" e nesta última um "conceito negativo" no mesmo momento em que Kant está a sustentar que a liberdade prática é um fato da experiência e, até mesmo, "uma das causas naturais", ao passo que, com relação à liberdade transcendental, "o problema permanece", porquanto ela parece "contrariar a lei da natureza" e escapar do campo da experiência possível, problema este, como dito anteriormente, que concerne somente ao "saber especulativo".[40] A liberdade transcendental é um conceito cujo uso pela razão só pode ser hipotético ou *regulador*, a título de "máxima da razão" (com vistas a introduzir um princípio de unificação sistemática de seus conhecimentos), não um uso *constitutivo*, como se ele se aplicasse realmente à experiência:[41] portanto, não se pode fazer dele o "fundamento" de outro conceito (normativo) de liberdade,

---

38 Ver Kant, *KU*, *Einleitung*, *AA* V, p.171-6; *CFJ*, p.71-4.

39 Ver Kant, *Grundlegung*, *AA* IV, p.388; *FMC*, p.65 e *MdS*, *Einleitung*, *AA* VI, p.214-8; *PMDir*, p.14-20.

40 Kant, *KrV*, B 831. Ver, igualmente, *KrV*, B 585-6: "nós não quisemos demonstrar a *efetividade* da liberdade como sendo uma das faculdades que contém a causa dos fenômenos de nosso mundo sensível [...]. Além disso, nem sequer pretendemos demonstrar a *possibilidade* da liberdade [...]. A liberdade é aqui tratada apenas como ideia transcendental, mercê da qual a razão pensa iniciar, absolutamente, a série das condições no fenômeno por meio do que é incondicionado pela sensibilidade".

41 Ver Kant *KrV*, B 670 ss. No que concerne às ideias transcendentais como máximas da razão *KrV*, B 694.

cuja realidade objetiva é atestada e que possui um papel *constitutivo*, por lhe competir prescrever a regra, ou antes, a norma para as ações que são também fatos, eventos do mundo sensível, como será estabelecido na *Crítica da razão prática*.[42]

A liberdade como autonomia e como "fato único da razão pura"

Os escritos posteriores modificam profundamente essa maneira de ver as coisas. A transformação afeta, em primeiro lugar, a compreensão da liberdade prática que, a partir da *Grundlegung*, repousa sobre a ideia de autonomia racional da vontade ou do arbítrio; mas ela repercute do mesmo modo sobre a interpretação da relação entre liberdade transcendental e liberdade prática.

Na verdade, a expressão mesma da "liberdade prática", frequentemente utilizada na *Crítica da razão pura* onde foi contradistinguida da liberdade transcendental, viria praticamente a desaparecer nos escritos posteriores a 1781 (com exceção das *Vorlesungen über die Metaphysik*, nas quais se encontram algumas ocorrências[43]). Isto não é o indício de uma exclusão do tema;

42 Ver, por exemplo, Kant, *KpV*, *AA* V, p.135; *CRPr*, p.244: as ideias da razão que são transcendentes e reguladoras tornam-se "imanentes e constitutivas" no uso prático "enquanto são o fundamento da possibilidade de tornar efetivo o objeto necessário da razão prática pura (o sumo bem)."

43 Kant, *Vorlesungen über Metaphysik*, p.185 e 204; *Leçons de métaphysique*, p.301 e 319. *AA* XXVIII, p.255 e 267. Nesta última passagem, Kant opõe a "liberdade prática", identificada com a "liberdade psicológica", ao "conceito transcendental de liberdade", e, para tor-

na verdade, muito ao contrário. Porém, se em 1781 Kant falou de liberdade prática, dali em diante ele fará referência à liberdade *tout court*. Reciprocamente, a expressão "razão prática", ausente da primeira *Crítica* (a não ser, para ser rigoroso, por meio da perífrase "conhecimento prático da razão", que no Prefácio da segunda edição designa o contraponto do conhecimento teórico[44]), torna-se onipresente (eventualmente sob a forma reforçada de "razão prática pura" ou de "razão pura prática"[45]) e agora é sistematicamente associada ao conceito de liberdade. Doravante, ao menos estatisticamente, a liberdade é a liberdade prática, mais exatamente a liberdade sob o império da razão prática. Na verdade, no plano conceitual, "a liberdade e a lei prática incondicionada referem-se reciprocamente",[46] e é a "razão prática", graças à sua "lei fundamental" (a lei moral), que "nos revela o conceito de liberdade", colocando assim para a razão especulativa o "problema mais insolúvel":[47] como poder-se-á "introduzir a liberdade nas ciências" se ela não pode

---

nar as coisas ainda um pouco mais embrulhadas, afirma que este conceito do qual trata a "psicologia empírica" é "suficiente para a moralidade".

44 Kant, *KrV*, B X.

45 Ver Kant, *KpV*, *AA* V, p.31; *CRPr*, p.56. Nas primeiras linhas do Prefácio, Kant justifica o título da *Crítica da razão prática* indicando que é o poder prático da razão em geral o que se trata de estabelecer, a razão pura ela mesma não precisando ser submetida; cabe tão somente estabelecer sua existência. *KpV*, *AA* V, p.89; *CRPr*, p.2 Sobre a importância da ordem dos adjetivos, veja-se a nota 1 de J.-P. Fussler em sua tradução (*Critique de la raison pratique*. Paris: GP-Flammarion, 2003, p.299).

46 Kant, *KpV*, *AA* V, p.29; *CRPr*, p.52.

47 Kant, *KpV*, *AA* V, p.30; *CRPr*, p.53.

e não deve intervir na explicação causal dos fenômenos? Já o entrevemos: a nova concepção de liberdade prática introduzida pela *Grundlegung* (com a definição da lei moral como imperativo categórico e a formulação do princípio da autonomia racional) implica uma redefinição profunda do saber (que, em termos adequados, deve ser "posto de lado", ou "suspenso",[48] a fim de "encontrar lugar para a crença" ou para a fé racional prática), pois o saber e, até mesmo, a ciência (pois não se pode esquecer que a metafísica *em sua totalidade* tem vocação a "apresentar-se como ciência") não são somente de ordem cognitiva, mas também de ordem normativa, na medida em que dizem respeito às "leis práticas da liberdade".[49]

Quais consequências essa promoção da liberdade prática, agora identificada à liberdade *tout court*, acarretará para a liberdade transcendental? Como já indiquei, a partir da *Crítica da razão pura*, duas vias são possíveis: afirmar a existência de uma ligação lógica entre liberdade transcendental e liberdade prática (fazendo da primeira, como na antinomia, o "fundamento" da segunda) ou bem sustentar, como parece ser a perspectiva do Cânon da razão pura, que a liberdade prática dispõe de uma consistência que lhe permite evitar uma articulação perigosa com um conceito problemático da razão especulativa, cujo uso só poderá ser regulativo. A descoberta da *Grundlegung*, resumida na fórmula: "uma vontade livre e uma vontade sob

48 Kant, *KrV*, B XXX. [O verbo empregado por Kant é *aufheben*. (N. T.)]

49 Kant, *KU*, *Einleitung*, *AA* V, p.195; *CFJ*, p.96. A *Crítica da razão prática* precisa que "a lei da liberdade" incide sobre uma "causalidade que, em absoluto, não é condicionada sensivelmente" (*KpV*, *AA* V, p.69; *CRPr*, p.122).

leis morais (*sittliche*) é uma e mesma coisa",[50] pode parecer implicar que Kant se engaja na segunda via e renuncia a dar à liberdade prática um fundamento "metafísico". Isso, aliás, é o que ele parece efetivamente fazer na *Grundlegung*, onde a expressão "liberdade transcendental" não aparece uma única vez (nem suas variantes), e onde a "liberdade" é sistematicamente apresentada como uma "propriedade da vontade [ou do arbítrio] de todas os seres racionais",[51] o que mostra bem que a liberdade é tomada ali como liberdade prática (liberdade de escolha das máximas das ações). Além disso, esse texto modifica o tópico relativo à liberdade negativa/liberdade positiva, tal como fora apresentado na *Crítica da razão pura*. Nessa obra, a qualificação negativa se aplicaria primeiramente à liberdade prática, enquanto a liberdade transcendental poderia ser qualificada como liberdade positiva; ao contrário, a *Grundlegung* (no início da terceira seção) sublinha a insuficiência de uma compreensão negativa da liberdade da vontade e, assim, daquilo que a *Crítica da razão pura* denominara liberdade prática; convém, pois, fornecer um "conceito positivo" desta última, e esse conceito positivo é o de *autonomia*, entendida esta como "qualidade da vontade pela qual ela é uma lei para si mesma".[52] Parece, então, que o problema "metafísico" da liberdade transcendental é colocado entre parênteses e que a oposição entre liberdade no sentido negativo e liberdade no sentido positivo é uma maneira de pensar a liberdade prática duplamente: uma

50 Kant, *Grundlegung*, *AA* IV, p.447; *FMC*, p.349.

51 Kant, *Grundlegung*, *AA* IV, p.447; *FMC*, p.351.

52 Kant, *Grundlegung*, *AA* IV, p.447; *FMC*, p.349. Ver, igualmente, *Grundlegung*, *AA* IV, p.440; *FMC*, p.285.

vez de modo insatisfatório, e outra, de modo adequado. Dito de outro modo, o coração do "conceito positivo" da liberdade *prática* é o princípio da universalizabilidade das máximas: isto é o que a *Crítica da razão prática* denominou a "lei fundamental da razão prática pura", ou seja, nos termos de Apel e Habermas, o "princípio U".[53] Relembro a formulação clássica:

> Age de tal modo que a máxima de tua vontade possa sempre valer ao mesmo tempo como princípio de uma legislação universal.[54]

À primeira vista, tudo isso parece claro e nítido: haveria em Kant uma evolução que, ligada à descoberta da autonomia, o conduziria a deslocar o acento da liberdade transcendental, definitivamente considerada como um "conceito indemonstrável",[55] para a liberdade prática entendida de modo negativo, como independência com relação aos impulsos sensíveis e, de maneira positiva, como capacidade de dar-se (e de submeter-se a) uma lei racional pura que não seria outra que

53 Ver, de uma parte, Apel, *Discussion et responsabilité*, t.I, p.106 ss, e *Éthique de la discussion*, p.78 ss; e, de outra parte, Habermas, *Morale et communication*, p.78 ss, e *De l'éthique de la discussion*, passim.

54 Kant, *KpV*, *AA* V, p.30; *CRPr*, p.54. Não entro aqui na discussão, a meu ver ociosa, sobre o caráter único, ou não, do imperativo categórico; ela não tem razão de ser, uma vez que Kant declara de início que "só há um e único imperativo categórico" (Kant, *Grundlegung*, *AA* IV, p.421; *FMC*, p.215), a saber: o princípio formal de universalização, as outras formulações "sendo apenas fórmulas de uma só e única lei" (*Grundlegung*, *AA* IV, p.436; *FMC*, p.269).

55 Kant, *KU*, § 57 *Anmerkung*, *AA* V, p.342-43; *CFJ*, p.240.

"a universalidade de uma lei geral",[56] a forma mesma de uma proposição universal.

Todavia, o problema é que a *Crítica da razão prática* não permite manter tal interpretação, pois sustenta, desde o princípio, que assim que estabelecido o poder prático (= a capacidade normativa) da razão (pura) – o que não é feito por demonstração, mas por esse "fato único da razão pura" que é a consciência que temos da lei fundamental da razão prática, ou seja, da estrutura de base da normatividade entendida em perspectiva deontológica[57] – é estabelecida também a liberdade *transcendental*, ademais "com essa significação absoluta com a qual a razão especulativa teria necessidade de considerá-la".[58] No primeiro capítulo da *Analítica da razão prática*, o § 5 confirma esta tese: a despeito da diversidade no espectro das razões de agir e da complexidade de seu equilíbrio, uma vontade suscetível de ter por *razão determinante última* a "simples forma legislativa" (o princípio U) é uma vontade livre. Esse ponto é capital, pois ele permite refutar a lenda do formalismo kantiano: um ato não obedece jamais a uma só razão, mas a avaliação desse ato deve ocupar-se da sua razão *última*, e dela somente. Kant precisa, além disso, que uma tal vontade, cuja razão última de agir seria "a simples forma legislativa das máximas", é livre "no sentido mais estrito, ou seja, transcendental" do termo.[59] E, para tornar as coisas ainda um pouco mais complicadas, essa liberdade transcendental é agora definida como uma independência com

56 Kant, *Grundlegung*, *AA* IV, p.421; *FMC*, p.213.

57 Kant, *KpV*, *AA* V, p.31; *CRPr*, p.56.

58 Kant, *KpV*, *AA* V, p.4; *CRPr*, p.4.

59 Kant, *KpV*, *AA* V, p.28-9; *CRPr*, p.51-2.

relação à "lei natural dos fenômenos", a saber, a lei de causalidade, dito de um modo negativo, ao menos à primeira vista.[60]

Essas afirmações possuem problemas aos quais o primeiro capítulo da *Analítica* ("As proposições fundamentais da razão prática pura") não oferece, a meu juízo, respostas convincentes.[61] Antes de tudo, por que Kant retorna à liberdade transcendental, que havia sido deixada de lado, o que decorria, na *Grundlegung*, da descoberta da posição específica da questão prática graças ao conceito de autonomia e à formulação do imperativo categórico? Não seria contraintuitivo sustentar que o destaque da estrutura normativa da razão pura ("o fato da razão", que interpretei como "fato da normatividade", evidência imediata de irredutibilidade do *Sollen* ao *Sein*) demonstra a existência da liberdade *transcendental*, uma vez que é antes a liberdade *prática* (a liberdade da vontade ou do arbítrio) que, pelo menos diretamente, parece dele resultar? Se é verdade que a lei moral é a *ratio cognoscendi* da liberdade e a liberdade a *ratio essendi* da lei moral,[62] a liberdade em questão não é, primordialmente, uma propriedade da "vontade pura"[63] enquanto ela decide submeter sua "máxima", ou seja, a "regra que o agente adota como princípio para si mesmo por razões subjetivas"[64] ao cri-

---

60 Kant, *KpV*, *AA* V, p.29; *CRPr*, p.51.

61 Não comento aqui a inversão da ordem conceitos/princípios em relação à *Crítica da razão pura*, com relação à qual as explicações de Kant são muito claras, como se vê em *KpV*, *AA* V, p.16 e 89-91; *CRPr*, p.31-2 e 159-61.

62 Kant, *KpV*, *AA* V, p.4; *CRPr*, p.5 nota.

63 Ver Kant, *KpV*, *AA* V, p.30; *CRPr*, p.53: "o conceito de uma vontade pura tem sua fonte nas leis práticas puras".

64 Kant, *MdS*, *Einleitung*, *AA* VI, p.225; *PMDir*, p.27.

tério objetivo de universalizabilidade, portanto, à forma legal como "princípio, que faz de certas ações uma obrigação"?[65] Uma segunda questão se coloca: é no mesmo sentido que a *Crítica da razão pura* e a *Crítica da razão prática* entendem a liberdade transcendental? Kant não substitui, talvez involuntariamente, um *outro* conceito da liberdade transcendental por aquele da primeira *Crítica*?

A essas questões, Kant propõe respostas sofisticadas na passagem intitulada "Elucidação (*Beleuchtung*) crítica da analítica da razão prática pura", que conclui o primeiro livro. Sobre o primeiro ponto (por que reintroduzir a liberdade transcendental e será esta compatível com a concepção nova da liberdade prática como autonomia?), sua resposta é sem ambiguidade. A liberdade *prática*, definida pela "independência da vontade com relação a toda outra lei que não a lei moral", não é uma "propriedade psicológica", mas um "predicado *transcendental* da causalidade de um ser que pertence ao mundo sensível".[66] Ao rejeitar o que denomina "um conceito comparativo da liberdade" – ou seja, um uso metafórico do termo, como quando se fala da "queda livre" –, repelindo tanto o "miserável subterfúgio" que consiste em denominar como livre todo ato que não é efeito manifesto das causas externas, quanto contentar-se com o sentimento de liberdade (a "liberdade psicológica") que com ele posso experimentar (como se a causalidade interna, os determinismos psicossociais, fossem menos constringentes

65 Kant, *MdS*, *Einleitung*, *AA* VI, p.225; *PMDir*, p.27.

66 Kant, *KpV*, *AA* V, p.94; *CRPr*, p.168. [Grifo de J.-F. Kervégan. (N. T.)]

que a necessidade exterior),[67] Kant afirma expressamente que a *liberdade só é pensável como liberdade transcendental*, ou seja, como "independência com relação a tudo que é empírico e, portanto, como independência da natureza em geral", e que é *somente* esta liberdade transcendental que é "prática *a priori*"; com efeito, sem ela "lei moral alguma e nenhuma imputação é possível".[68] Ao evocar o *autômato espiritual*[69] de Leibniz, Kant acrescenta que, sem essa liberdade "transcendental, isto é, absoluta", a liberdade humana seria comparável à de um parafuso, e poder-se-ia aditar: ou à da pedra, que, diz Espinosa, caso fosse dotada de consciência, imaginaria cair livremente.[70] Portanto, o ponto está claro, mais claro do que na primeira *Crítica*, na qual se apresentava de modo diferente (com duas soluções diferentes adotadas na antinomia e no Cânon): a liberdade transcendental *é* a liberdade prática e tudo que não se origina dela revela o determinismo natural entendido num sentido consideravelmente alargado.

Contudo, a dificuldade persiste e Kant a formula abertamente ("a solução aqui proposta [...] encerra muitos obstáculos internos e que não é sequer suscetível de uma apresentação clara"[71]), ao mesmo tempo sustentando que se trata de uma "contradição aparente" e, a despeito de que pretenda resolvê-la "sucinta e claramente",[72] cabe perguntar: como é possível fazer coexistir dois sistemas heterogêneos de causalidade

67 Kant, *KpV*, *AA* V, p.96; *CRPr*, p.172-3.
68 Kant, *KpV*, *AA* V, p.97; *CRPr*, p.173.
69 Ver, por exemplo, Leibniz, *Teodiceia*, § 52 e 403.
70 Ver Espinosa, *Carta LVIII* (a Schuller).
71 Kant, *KpV*, *AA* V, p.103; *CRPr*, p.184.
72 Kant, *KpV*, *AA* V, p.102; *CRPr*, p.183.

(o mecanismo da natureza e a causalidade livre) *num único e mesmo ponto de aplicação?* Como uma só e mesma ação pode ser simultaneamente livre, imputável à vontade de um sujeito enquanto coisa em si, e estritamente determinada enquanto fenômeno natural? Como se poderia sustentar que

> se poderia calcular a conduta futura deste homem com a [mesma] certeza que a de um eclipse da Lua ou do Sol e ainda afirmar que esse homem é livre?[73]

O propósito, como sublinha Kant, é muito mais ambicioso do que o da *Crítica da razão pura* (especulativa). De fato, a solução da terceira antinomia era que é especulativamente *possível* conciliar liberdade e determinismo ao fazer da primeira uma propriedade das coisas em si e da segunda a lei geral dos fenômenos naturais; correlatamente ela não conduziria a afirmar a *existência* da liberdade transcendental, mas somente sua não impossibilidade. Estabelecer-se-ia, em resumo, um pacífico dualismo.

Em uma perspectiva prática, ao contrário, trata-se de "converter o que *pode* ser naquilo que *é*", ou, dito de outro modo, trata-se de

> provar a partir de um caso efetivamente real, de algum modo, mediante um fato [trata-se, bem entendido, do "fato da razão"] que algumas ações supõem uma tal causalidade (a causalidade intelectual incondicionada sensivelmente).[74]

73 Kant, *KpV*, *AA* V, p.99; *CRPr*, p.177.
74 Kant, *KpV*, *AA* V, p.104; *CRPr*, p.187.

Ora, isso implica dois desenvolvimentos importantes da doutrina. Em primeiro lugar, na "experiência" não empírica da obrigação (a consciência da lei moral como fato da razão), a liberdade e seu vetor (o sujeito prático) não são mais somente pensados como possíveis, são "*conhecidos* assertoricamente",[75] e isto diante desse fenômeno do mundo sensível que, de outra parte, é a ação da qual o sujeito é a causa livre e inteligível. Trata-se de uma "extensão considerável do campo do suprassensível", agora reconhecido como produtor dos efeitos atuais (das ações livres) no mundo sensível que permanece, contudo, integralmente submetido ao "*mecanismo* da natureza".[76]

Outra modificação operada por Kant constitui uma resposta à segunda questão que apresentei: a liberdade transcendental, da qual a segunda *Crítica* proporciona uma prova, é aquela da qual tratava a primeira [*Crítica*] ou tratar-se-ia de um tipo de homonímia? Com efeito, a liberdade transcendental, entendida (aparentemente como em 1781) como "absoluta espontaneidade"[77] deve, doravante, ser compreendida como plenamente prática *por ela mesma*, como causa *atual* dos fenômenos que devem ser imputados ao sujeito inteligível e à sua liberdade racional: a liberdade transcendental, a única, é "prática *a priori*".[78] Dito de outro modo, a segunda *Crítica* opera uma *fusão* dos dois conceitos de liberdade, ao passo que a primeira desenharia (sem verdadeiramente se decidir entre eles) duas outras vias: ou bem conceber a liberdade transcendental

75 Kant, *KpV*, *AA* V, p.105; *CRPr*, p.188.
76 Kant, *KpV*, *AA* V, p.97; *CRPr*, p.173.
77 Kant, *KpV*, *AA* V, p.99; *CRPr*, p.177.
78 Kant, *KpV*, *AA* V, p.97; *CRPr*, p.173

como fundamento da liberdade prática (terceira antinomia), ou bem as sustentaria sobre dois planos paralelos (Cânon da razão pura). Essa nova solução é satisfatória? Ela o é, talvez, numa perspectiva normativa, governada pela ideia segundo a qual "tudo que provém do arbítrio do homem [...] tem por fundamento uma causalidade livre";[79] em contrapartida, ela é pouco conciliável com algumas aquisições essenciais da *Crítica da razão pura*. Por certo, Kant esforça-se para mostrar, no Esclarecimento crítico, que a gnosiologia da primeira *Crítica*, e mais particularmente a tese da idealidade do espaço e do tempo,[80] ao instituir a distinção entre coisas em si e fenômenos,[81] justifica o duplo registro de causalidade suposto pela filosofia prática. Porém, pode-se retorquir que o dualismo professado na ocasião do exame da terceira antinomia (há, ao tratar da liberdade transcendental, dois pontos de vista antitéticos que podem, no entanto, reconciliar-se ao serem valorados em dois planos heterogêneos) era mais convincente que a solução de acordo com a qual *de um só golpe* a liberdade estaria no mundo (liberdade prática) e fora dele (liberdade transcendental ou "ontológica"). Entretanto, é isso o que Kant sustentará também na terceira *Crítica*. Após ter lembrado a singularidade do "fato da razão" enquanto (caso eu possa assim expressar-me) prova da liberdade por meio dos efeitos,[82] ele escreve o seguinte:

79 Kant, *KpV*, *AA* V, p.100; *CRPr*, p.179.

80 Kant, *KpV*, *AA* V, p.102-3; *CRPr*, p.184: "Tal é a importância da abstração do tempo (e do espaço) levada a cabo na crítica da razão especulativa pura em relação à existência das coisas em si mesmas".

81 Kant, *KpV*, *AA* V, p.110; *CRPr*, p.192.

82 Ver Kant, *KU*, § 91, *AA* V, p.468; *CFJ*, p.366: "Mas, o que é muito notável, é que se encontra mesmo entre os fatos uma ideia da razão

> Através de três ideias puras da razão (*Deus*, a *liberdade* e a *imortalidade*), o conceito de liberdade é o único conceito do suprassensível que demonstra sua realidade objetiva (por intermédio da causalidade que é pensada nela mesma) na natureza, graças ao efeito que lhe é possível nela produzir.[83]

Pode-se questionar, no entanto, se o conteúdo mesmo da filosofia moral de Kant resiste a essa maneira de ver. Na verdade, no caso de um ser finito, dotado de vontade que é possivelmente "pura", mas em nenhum caso é "santa",[84] o que exatamente deve ser submetido ao teste da universalização que é a "lei moral"? Não é a *intenção* (*Absicht*), isto é, o objetivo preciso que eu me proponho a realizar, mas, em uma perspectiva que se pode qualificar de "coerentista", a *máxima* (regra de ação subjetiva) que eu observo ao formar essa intenção e, em última análise, a *disposição de espírito* (*Gesinnung*) na qual eu me dou essa máxima e sobre a qual se funda o interesse desinteressado que experimento constranger minha vontade a se conformar à lei moral;[85] mas, será que eu projeto realizar tal ação, sem dúvida

[...]; tal é a ideia da *liberdade*, cuja realidade, como espécie particular de causalidade [...], pode ser demonstrada pelas leis práticas da razão pura, e, em conformidade com estas, em ações efetivas, por conseguinte, na experiência".

83 Ver Kant, *KU*, § 91, *AA* V, p.474; *CFJ*, p.371.

84 Sobre a diferença entre vontade pura (boa) e vontade santa, que se encontra no fundamento da teoria do *imperativo* categórico, ver Kant, *Grundlegung*, *AA* IV, p.414; *FMC*, p.189.

85 Ver, por exemplo, Kant, *KpV*, *AA* V, p.79; *CRPr*, p.141. A "disposição de espírito moral" é aquela que, a despeito das propensões e inclinações sensíveis que "de fato têm a primeira palavra" (*KpV*, *AA* V, p.146; *CRPr*, p.264), me faz tomar um *interesse* em me ajustar

conforme ao dever, em vista de certas consequências esperadas,[86] ou será que eu o faço por dever, porque a adoção dessa máxima é uma obrigação não somente para mim, mas para todo sujeito, em quaisquer tempo e lugar? Ao seguir essa linha de análise, o que faz imputável moralmente[87] uma ação? Não é seu conteúdo material (seu "objeto" ou seu propósito direto) o que faz com que uma ação seja *minha* ação, pois esse conteúdo permanece enquanto tal submetido ao determinismo das causas naturais; considerando que, uma vez que ação real (sua "matéria") é irredutível às razões que eu posso ter para praticá-la, o fundamento da imputabilidade só pode ser a *disposição de espírito* com que eu a pratico, bem como o respeito da obrigação moral incondicional de que ela dá testemunho. E essa disposição moral, quando verificada, não é em absoluto um fato natural, um "evento"; ela é um "fato" normativo pertencente por inteiro à esfera do *Sollen*. Nesse caso, que relação tem com a liberdade transcendental ou

---

à lei moral e, portanto, me constrangem a seguir a obrigação que me é ditada pela razão prática pura: "o *interesse moral* é um interesse independente dos sentidos e puro da simples razão prática" (*KpV*, *AA* V, p.79; *CRPr*, p.141). Sobre o interesse moral, ver também *Grundlegung*, *AA* IV, p.449; *FMC*, p.355 ss.

86 Sobre a recusa kantiana do consequencialismo (da "preocupação [exclusiva] com as consequências"), ver Kant, *Grundlegung*, *AA* IV, p.402; *FMC*, p.135.

87 Aqui, moralmente significa normativamente, isto é, antes da distinção entre direito e ética. A propósito das relações entre moral, direito e ética, ver Kant, *Rechtslehre*, *AA* VI, p.242; *PMDir*, p.47: "a moral" enquanto "sistema das obrigações em geral" se divide em doutrina do direito (doutrina das "obrigações jurídicas") e doutrina da virtude (doutrina das "obrigações éticas"). Repare-se, aliás, que o quadro que figura nas edições clássicas ao final da *Doutrina do direito* é falho. Ver *infra*, nota 52 do capítulo III.

"numenal" a liberdade atestada tanto por essa disposição de espírito quanto pela máxima que a traduz? A meu juízo, essa relação permanece problemática. A liberdade prática entendida não como liberdade de indiferença,[88] como poder de escolha "vazio", mas como capacidade de conformar sua máxima a um princípio de obrigação universal e racional, sem dúvida, de certo modo, deve ter por "fundamento" a liberdade transcendental (a espontaneidade absoluta). Aí está a razão pela qual Kant escreve que, *se* fôssemos dotados de um poder de intuição intelectual, "nós *veríamos* que toda essa cadeia de fenômenos [...] depende da espontaneidade do sujeito como coisa em si mesma".[89] Mas isso não é precisamente o caso e, segundo a *Crítica da razão pura*, não pode sê-lo; eis por que,

> na falta dessa intuição, a lei moral nos garante essa distinção da relação de nossas ações como fenômenos ao ser sensível de nosso sujeito e à relação pela qual esse ser sensível ele mesmo é reportado ao substrato inteligível que se encontra (repousa) em nós.[90]

"A lei moral nos garante": trata-se, portanto, da liberdade *prática*. Por conseguinte, afirmar a identidade da liberdade transcendental e da liberdade prática não arriscaria, de certo modo, ressuscitar indiretamente essa intuição intelectual que a teoria kantiana do conhecimento proscreve absolutamente? Uma coisa está clara: certamente, não é isso o que Kant deseja!

---

88 Para a crítica da liberdade de indiferença, ver Kant, *MdS*, *Einleitung*, *AA* VI, p.226; *PMDir*, p.29.

89 Kant, *KpV*, *AA* V, p.99; *CRPr*, p.178.

90 Kant, *KpV*, *AA* V, p.99; *CRPr*, p.178.

O arbítrio e a livre escolha do mal

Certos rearranjos posteriores da filosofia prática kantiana, alguns deles decisivos, podem ser observados como tentativas de resolução dessa séria dificuldade. Evocarei dois, e deixarei de lado, porque voltarei a eles nos dois próximos capítulos, a maneira nova como Kant coloca a questão da relação entre direito e ética na *Metafísica dos costumes*, a qual também tem consequências importantes com relação à sua concepção da liberdade (em particular porque ela conduz a considerar as relações entre "legalidade" e "moralidade" de uma maneira diferente daquela que encontramos na *Grundlegung* e na segunda *Crítica*).[91]

A *Crítica da razão prática* evoca de passagem, para imediatamente descartá-la como "não necessária", a hipótese de uma "constituição maligna" (*arge Beschaffenheit*) da vontade que poderia ser forjada para explicar a maldade irremediável de certos "malvados natos".[92] Essa hipótese é descartada, pois comprometeria a convicção moral que "tudo o que provém do arbítrio humano [...] tem por fundamento uma causalidade livre", e que, por consequência, não é admissível invocar a "natureza" para atenuar a responsabilidade de um sujeito que, a despeito de todas as circunstâncias que contribuem para explicar sua escolha, escolheu maus princípios. No entanto, é possível encontrar na primeira parte de *A religião nos limites da simples razão* a retomada do exame dessa hipótese para oferecer, com a teoria

91 Comparar Kant, *KpV*, *AA* V, p.71, 118 e 151-2; *CRPr*, p.125, 213 e 269-70 com *MdS*, *Einleitung*, *AA* VI, p.214 e 219, *PMDir*, p.15 e 20-1.

92 Kant, *KpV*, *AA* V, p.99-100; *CRPr*, p.178.

do "mal radical", uma interpretação inovadora. Recordo, aqui, a definição do termo:

> [...] existe no homem uma tendência natural ao mal; e esse pendor, ele mesmo é moralmente mau, pois, no final das contas, é necessário que seja buscado em um arbítrio livre. Esse mal é radical, pois ele corrompe o fundamental de todas as máximas; ao mesmo tempo, enquanto tendência natural, ele não pode ser extirpado pelas forças humanas, pois isso só poderia ter lugar em meio de boas máximas, o que não pode se produzir quando o fundamento subjetivo supremo de todas as máximas é presumido corrompido; no entanto, é necessário que seja possível superá-lo porque ele se encontra no homem enquanto ser que age livremente.[93]

Não posso expor, nem comentar, por ela mesma, essa análise famosa e as consequências que dela são extraídas (a passagem do estado de natureza ética ao estado de comunidade ética e o "triunfo do bom princípio" que daí devem resultar graças aos preceitos de uma religião moral). Desejo simplesmente examinar as consequências que dela derivam com relação à concepção kantiana da liberdade. A hipótese de uma tendência natural ao mal é temível, pois ela parece comprometer a convicção de base segundo a qual "a moral está fundada sobre o conceito de homem enquanto ser livre e que por isso mesmo se liga, pela razão, a leis incondicionadas".[94] Uma vez descartada a hipótese, demasiado forte e finalmente confortável de um arbítrio *diabólico*, do qual "a oposição à lei [moral] seria

93 Kant, *Religion*, *AA* VI, p.37; *Religião*, p.43.

94 Kant, *Religion*, *AA* VI, p.3; *Religião*, p.113.

erigida em mola propulsora",[95] como conciliar a existência empiricamente verificável dessa tendência natural ao mal e a convicção filosófica segundo a qual "o princípio primeiro de admissão de nossas máximas encontra-se sempre necessariamente no livre-arbítrio"?[96]

Para resolver essa dificuldade, Kant afina a noção de arbítrio (*Willkür*) com objetivo de definir a liberdade (a *freie Willkür*) de uma maneira que permita enfrentar o desafio que representa a hipótese do mal radical. Por certo, essa distinção entre *Willkür* e *freie Willkür* não é nova;[97] mas ela adquire aqui um sentido diferente. Primeiramente, façamos uma observação de ordem quantitativa. Anteriormente, as noções de *Wille* e de *Willkür*, de vontade e de arbítrio, eram praticamente intercambiáveis, como se pode ver a partir de uma rápida olhada na *Grundlegung* e na segunda *Crítica*. Na *Grundlegung*, o termo *Willkür* só aparece duas vezes com sentido idêntico ao da vontade, que é objeto de constante questionamento (pela via da temática da autonomia da vontade). Na *Crítica da razão prática*, com algumas páginas de intervalo, Kant fala da autonomia da vontade, da autonomia da razão pura prática e da autonomia do arbítrio, como se essas expressões fossem sinônimas;[98] da mesma forma, há a questão da heteronomia do arbítrio,[99] mas também da heteronomia da

95 Kant, *Religion*, *AA* VI, p.35; *Religião*, p.43. [Nesta passagem, Kervégan anota: "Adoto a tradução literal proposta por J.-P. Fussler de *Triebfeder* por *ressort*". (N. T.)]

96 Kant, *Religion*, *AA* VI, p.22; *Religião*, p.28.

97 Ver, por exemplo, Kant, *KrV*, B 829-30 e *KpV*, *AA* V, p.32; *CRPr*, p.57.

98 Ver Kant, *KpV*, *AA* V, p.33 ss; *CRPr*, p.58 ss.

99 Kant, *KpV*, *AA* V, p.33; *CRPr*, p.58.

razão prática.[100] Em resumo, parece que todos esses termos (vontade, livre-arbítrio, razão prática) convergem para o centro do alvo, que é a ideia de *liberdade racional*. A *Religionsschrift*, pelo contrário, faz um uso bastante parcimonioso da noção de vontade e, na maior parte dos casos, o faz em referência a Deus (quando trata da vontade divina); em contrapartida, a *Willkür* é onipresente. Tudo isso se passa, então, como se, de 1785 a 1793, o centro de gravidade da filosofia prática fosse *deslocado da vontade para o arbítrio* e para as condições de sua liberdade (as "molas propulsoras" e a "disposição de espírito" apropriadas), como se a primeira noção tendesse a se confundir com a razão prática ela mesma; hipótese que confirmará a *Metafísica dos costumes*.

Como conciliar, uma vez que tal conciliação seja admitida, a existência de uma tendência natural ao mal, entendido como mal radical, e a absoluta liberdade de arbítrio, sem a qual não haveria mais moralidade? Uma única solução: considerar que é *livremente* (arbitralmente, o que não quer dizer arbitrariamente) que o sujeito se dá por regra de formação de suas máximas, por máxima *suprema* e por móbil *último*, esse pendor ao mal sempre presente nele mesmo, em vez e no lugar da lei moral, a qual, por sua parte, é (ou deveria ser) a verdadeira mola propulsora da adoção de máximas, na medida em que ela dita ao homem moralmente bom sua obrigação incondicional com relação ao bem. Vale a pena citar integralmente a passagem em que Kant desenvolve esta análise:

> [...] a liberdade do arbítrio tem a qualidade inteiramente peculiar de não poder ser determinada à ação por móbil algum a não ser

---

100 Kant, *KpV*, *AA* V, p.43 e 65; *CRPr*, p.74 e 114.

que o homem o tenha admitido em sua máxima (o tenha transformado em regra universal para si em conformidade com a qual se quer comportar); só assim é que um móbil, seja ele qual for, pode subsistir conjuntamente com a absoluta espontaneidade do arbítrio (a liberdade). Mas, no juízo da razão, a lei moral é por si mesma móbil, e quem faz dela a sua máxima é moralmente bom. Todavia, se a lei não determinar o arbítrio de alguém à comissão de uma ação que a ela se vincule, então um móbil oposto há de tê-lo influenciado e, dado que isso, por força do pressuposto, só pode ocorrer por ter esse homem admitido tal móbil em sua máxima (desviando-se, assim, da lei moral), caso em que será ele um homem mau, sua disposição de ânimo quanto à lei moral nunca será indiferente (jamais deixará de ser ou boa ou má). [...] A disposição de ânimo, isto é, o primeiro fundamento subjetivo da adoção de máximas, só pode ser único e abrange o uso integral da liberdade universalmente. Mas também ela mesma deve ter sido adotada pelo livre-arbítrio, pois, se assim não fosse, não poderia ser imputada. Mas, o fundamento subjetivo, ou a causa dessa adoção, não pode ser conhecido (embora seja inevitável que por ele se pergunte), pois se deveria então de novo aduzir uma máxima em que se tivesse inserido essa disposição, a qual, por sua vez, haveria de ter seu fundamento. Por conseguinte, como não podemos derivar essa disposição de ânimo, ou melhor, seu fundamento último, de algum ato do arbítrio temporalmente primeiro, a denominamos uma qualidade (*Beschaffenheit*) do arbítrio, que lhe advém por natureza (ainda que de fato ela esteja fundada na liberdade).[101]

Este texto indica claramente até que ponto o *livre-arbítrio* (e não mais a "vontade livre") será doravante a pedra angular

101 Kant, *Religion*, *AA* VI, p.23-5; *Religião*, p.29-31.

(para usar a famosa expressão da segunda *Crítica*) da filosofia moral kantiana: é ele, e, no limite, somente ele que escolhe – e essa escolha não pode ser indiferente – a disposição do espírito ("boa" ou "má") que consiste em adotar como razão última para agir, como princípio de coerência do conjunto de suas máximas subjetivas e do "uso do conjunto pleno de sua liberdade", seja a lei moral, sejam os "maus princípios" que repousam em nós por natureza. De qualquer modo, é no segundo nível, seguindo o que alguns filósofos contemporâneos (Hart, Raz) designam um princípio de moralidade crítica ou, ainda, uma *second order reason*,[102] que o arbítrio escolhe livremente assumir ou enfrentar/contrariar uma natureza boa ou má. Sem dúvida, a inclinação ao mal é "inerente à natureza humana", mas este só pode ter livre curso em dependência "do poder moral do arbítrio",[103] de modo que, "do ponto de vista moral, o que o homem é ou o que deve tornar-se, bom ou mau, depende necessariamente do que ele se faça, ou tenha feito de si mesmo".[104] Mas, então, convém distinguir dois significados de liberdade: o arbítrio daquele que faz "a escolha do mal" é livre no sentido de que nenhum fator externo, nem mesmo sua própria natureza, o coage a fazer essa escolha; mas ele não é livre se entendermos por liberdade o fato de tomar a lei moral por razão última do agir ou como máxima suprema. Em outras palavras, a liberdade do arbítrio, com relação à qual não cabe transigir, não deve ser confundida com a liberdade racional que a *Grundlegung* e a

102 Ver Hart, *Law, Liberty and Morality*, p.20; Raz, *Practical Reasons and Norms*, p.39 ss.

103 Kant, *Religion*, *AA* VI, p.31; *Religião*, p.37.

104 Kant, *Religion*, *AA* VI, p.44 *Religião*, p.50.

segunda crítica estabelecem como "o único princípio de todas as leis morais",[105] mesmo que seja ela a condição de (eventualmente) alcançar esta última.

Liberdade, vontade, arbítrio

O passo final de Kant em sua reflexão sobre a liberdade e sobre os diversos modos de concebê-la é dado na *Metafísica dos costumes* (dever-se-ia também evocar a *Opus postumum*, mas seria necessário dedicar-lhe um livro inteiro). Longe de ser um autor nas fronteiras da senilidade, como se costuma sugerir, parece-me que esse texto, a despeito de suas imperfeições formais, constitui a conclusão que se segue desta reflexão. Vou fazer referência somente a dois pontos: à identificação entre vontade e razão prática, e à afirmação que somente o arbítrio (e não a vontade) pode ser qualificado como livre.

No desdobramento de algumas indicações da *Crítica da razão prática*[106] e, sobretudo, da topografia dos "poderes" (ou faculdades) do espírito (*Gemüt*) exposta na Introdução da *Crítica do juízo*,[107] a Introdução da *Metafísica dos costumes* constrói a árvore da faculdade de desejar (*Begehrungsvermögen*), definida como "faculdade de ser, por meio de suas representações, causa dos objetos dessas representações".[108] Esta se divide (segundo um padrão de origem wolffiana) em uma faculdade inferior

105 Kant, *KpV*, *AA* V, p.33; *CRPr*, p.58.

106 Ver Kant, *KpV*, *AA* V, p.21-5; *CRPr*, p.38-45.

107 Ver Kant, *KU*, *AA* V, p.177-8; *CFJ*, p.77-8.

108 Kant, *MdS*, *Einleitung*, *AA* VI, p.211; *PMDir*, p.11. Ver ainda *KpV*, *AA* V, p.9, nota; *CRPr*, p.14, nota.

(prazer, desejo sensível) e uma faculdade superior de desejo, aqui qualificada de "faculdade de desejar segundo os conceitos". E – eis o ponto notável – a faculdade de desejar segundo os conceitos se divide em duas linhas distintas, nas quais se inserem, respectivamente, o arbítrio (*liberum* ou *brutum*), que é uma forma do "poder de fazer ou de não fazer segundo seu alvitre", e a vontade.[109] O principal ensinamento desse quadro é evidentemente que a vontade é de uma espécie distinta da do arbítrio, e que não diz respeito ao "poder de fazer ou não fazer". Mas, então, em que consiste a vontade? Eis a definição que lhe é dada:

> A vontade é a faculdade de desejar considerada não tanto (como o arbítrio) em relação à ação, mas antes em relação à razão que determina o arbítrio à ação; e ela mesma, para falar propriamente, não tem nenhuma razão determinante, mas, na medida em que pode determinar o árbitro, *ela é a própria razão prática*.[110]

A bem da verdade, essa última afirmação, bastante forte, não é inteiramente nova: insidiosamente, a *Grundlegung* e a *Crítica da razão prática* já haviam estabelecido uma equivalência entre razão prática e vontade.[111] Mas, aqui, a razão dessa assimilação é apresentada simultaneamente à característica que distingue

---

109 Kant, *MdS*, *Einleitung*, *AA* VI, p.213; *PMDir*, p.14.

110 Kant, *MdS*, *Einleitung*, *AA* VI, p.213; *PMDir*, p.14. [A versão francesa desta passagem traduz *Bestimmungsgründ* por *raison*. (N. T.)]

111 Ver Kant, *Grundlegung*, *AA* IV, p.441; *FMC*, p.289. Ver também *KpV*, *AA* V, p.55; *CRPr*, p.96: "A realidade objetiva de uma vontade pura ou, *o que é a mesma coisa*, de uma razão prática pura, é dada *a priori* na lei moral". [Grifos de J.-F. Kervégan. (N. T.)]

especificamente *Wille* e *Willkür*. A vontade não é a escolha de uma máxima de ação, mas o que provoca essa escolha, ou o que determina ao arbítrio essa escolha; ela é, portanto, "a própria razão prática", ao mesmo tempo que sua função é de *determinar* o arbítrio (a escolha das máximas) de acordo com sua própria lei fundamental (o princípio de universalização). A partir daí, a "vontade" não é outra coisa senão a razão pura em sua função normativa, praticamente legisladora. Encerra-se a oposição entre *ratio* e *voluntas*. Hegel lembrar-se-á disso.

A consequência (inelutável) dessa análise é extraída algumas páginas à frente:

> Da vontade procedem as leis, do arbítrio, as máximas. Este último, para os homens, é um livre-arbítrio; a *vontade*, que não repousa senão sobre a lei, *não pode ser dita livre ou não livre*, pois ela não se reporta às ações, mas, imediatamente, à legislação destinada às máximas das ações (portanto, à própria razão prática [que ela é]); por conseguinte, ela é também simplesmente necessária e não suscetível a constrangimento algum. Portanto, *somente o arbítrio pode ser dito livre.*[112]

"A vontade não é livre, nem não livre"; "a vontade é a própria razão prática"; "somente o arbítrio pode ser dito livre". Tais formulações, espantosas levando-se em conta a imagem do kantismo que continua prevalecente, parece-me, no entanto, constituir o resultado lógico da reflexão empreendida a partir de 1781 (e, na verdade, bem antes) sobre a "natureza" da liberdade. Encontraremos aqui um Kant flertando perigosamente

---

112 Kant, *MdS*, *Einleitung*, *AA* VI, p.226; *PMDir*, p.29.

com Espinosa em sua rejeição da liberdade da vontade; poderíamos facilmente fazer com que ele dissesse neste ponto que "o arbítrio é tanto mais livre quanto mais determinado" (pela vontade, *i.e.*, pela razão prática).

No entanto, Kant se recusa a dissolver completamente a equivocidade e a escolher de modo definitivo entre os conceitos de liberdade que ele precisa mobilizar no decorrer de suas análises (ou a estabelecer precisamente sua hierarquia): logo após pronunciar as frases fortes que acabamos de citar, e após ter traçado uma distinção entre arbítrio fenomênico e arbítrio numênico que, a meu juízo, não está à altura das análises penetrantes da *Religionsschrift*, ele recorre uma vez mais a um conceito *normativo* da liberdade do arbítrio, que pode ser explicado a partir da perspectiva da *Religionsschrift*, mas sem dúvida não a partir das considerações precedentes. Kant escreve, com efeito:

> A liberdade não pode jamais consistir em que o sujeito racional possa realizar uma escolha que vá contra sua razão (legisladora).[113]

Sem dúvida, isso significa que a liberdade do arbítrio é indissociável da escolha da racionalidade – o que é, aliás, evidente. Mas, então, é preciso admitir que há dois sentidos de tal liberdade. O arbítrio é livre em um sentido forte porque conforma suas máximas à estrutura universalizante da racionalidade. Mas ele o é noutro sentido, o que se vê na *Religionsschrift*: o de que aquilo cuja escolha ele faz só a ele próprio pode ser imputado.

---

113 Kant, *MdS*, *Einleitung*, *AA* VI, p.226; *PMDir*, p.29.

II
Normatividade

O fundamento da obrigação não deve
ser buscado na natureza do homem
ou nas circunstâncias do mundo [...]
mas unicamente a priori nos
conceitos da razão pura.[1]

Após ter determinado a posição (ou melhor, as posições sucessivas, mas não forçosamente idênticas, nem homogêneas) da questão da liberdade na filosofia crítica e na metafísica kantiana, agora me proponho a destacar as características gerais da teoria da normatividade (da *razão* normativa) de Kant. Tenho dois objetivos. No presente capítulo, trata-se, em primeiro lugar, de estabelecer que existe em seu pensamento uma teoria coerente e estável da normatividade, a despeito de que, mesmo após ter adquirido bases próximas às definitivas (isto é, a partir da *Fundamentação da metafísica dos costumes*, de 1785), a filosofia prática kantiana tenha sofrido, como observamos,

1 Kant, *Grundlegung*, *AA* IV, 389; *FMC*, p.71.

mudanças importantes. O objetivo dessa teoria é, direi eu, estabelecer uma verdadeira regra de reconhecimento da validade normativa, a saber, o imperativo categórico, e, graças a isso, definir, de modo uniforme, o campo da "metafísica dos costumes". Em seguida, tratar-se-á de mostrar (principalmente no capítulo seguinte) que essa teoria pode também dar conta, de modo satisfatório, da distinção, posta no centro do campo da razão prática ou normativa, de duas formas autônomas de seu exercício que correspondem ao domínio da ética e do direito, distinção que não se confunde, como se poderia às vezes pensar, com as da legalidade e da moralidade, a qual trataremos ao final do presente capítulo.

Da normatividade

A empresa kantiana de refundação da filosofia prática tem como principal objetivo estabelecer que a razão *pura* dispõe, *enquanto tal* (i.e., independentemente de qualquer móbil sensível e de qualquer elemento extraído da empiria), de um poder normativo; em outras palavras: que ela dispõe do poder de editar imperativos que não são nem hipotéticos problemáticos (como as "regras de habilidade") nem hipotéticos assertóricos ("como os conselhos de prudência"), mas categóricos apodíticos – digamos: incondicionais –, ou "*comandos* (leis) da eticidade (*Sittlichkeit*)".[2] Podemos falar, por conseguinte, de uma "razão prática" ou (mas a locução é expletiva, pois a "razão

2 A distinção entre esses *três* tipos de imperativos (de normas) é feita na *Grundlegung*, *AA* IV, p.413-6; *FMC*, p.185-99. Ver a nota 33 da tradução de A. Renaut (*Métaphysique des moeurs*, v.1. Paris:

pura só é prática por ela mesma"[3]) de uma "razão pura prática". No entanto, não se pode esquecer que essa não é uma faculdade ou uma capacidade (*Vermögen*) distinta, mas antes um *uso* específico, normativo e não cognitivo, de uma razão una, entendida como "faculdade dos princípios",[4] quer dizer: como a capacidade de produzir conceitos universais suscetíveis de *determinar*, por eles mesmos, o particular estruturado pelas "regras" do entendimento puro. Na verdade, somente a razão é capaz de fornecer os "conhecimentos sintéticos por conceitos".[5] Se, de um lado, os *Grundsätze* do entendimento puro se limitam a enunciar as condições não empíricas do conhecimento empírico,[6] de outro, os *Prinzipien* racionais[7] não são somente proposições universais: são proposições universais a partir das quais podemos extrair, fora de qualquer contexto empírico, consequências verdadeiras, ou, mais exatamente, válidas (*gültig*), uma vez que não são proposições cognitivas, mas normas de ação. Isso quer dizer que, se há princípios sob os quais se possa subsumir ou a

---

GF-Flammarion, 1994, p.191-2) que a apresenta na forma de um quadro.

3 Kant, *KpV*, § 7, *Folgerung*, *AA* V, p.31; *CRPr*, p.56.

4 Kant, *KrV*, B 356.

5 Kant, *KrV*, B 357.

6 Ver Kant, *KrV*, B 197: "as condições de *possibilidade* da *experiência* em geral são, ao mesmo tempo, condições de *possibilidade dos objetos da experiência*".

7 Na verdade, a terminologia é mais flutuante: Kant também fala neste momento de *Grundsätze* práticas. Mas, na medida em que a função e o campo de aplicação dos princípios (teóricos) do entendimento puro são essencialmente diferentes daqueles princípios da razão prática, parece útil fazer uso de uma terminologia de um modo mais sistemático que o do próprio Kant.

partir dos quais se possa produzir normas de ação cuja validade pode ser atestada, tais princípios não podem ser senão o feito (*fait*) da razão *pura* somente. Dito de outro modo, e é preciso lembrar isto: segundo as premissas da filosofia kantiana, não há racionalidade normativa fundada sobre as circunstâncias empíricas ou delas dependentes, mesmo se essa racionalidade tem muitos efeitos empíricos constatáveis, uma vez que, por exemplo, ela permite decretar que tal ou qual ação é contrária ao direito ou que tal máxima é conforme à ética.

No entanto, se o poder normativo da razão – isto é, a capacidade que ela tem de produzir ou reconhecer por si mesma uma estrutura normativa universal e obrigatória – pode ser *verificado* (vamos indicar como), ele não pode ser *explicado*, como já o sublinha a *Grundlegung*:

> A razão ultrapassaria todos seus limites quando concebesse a si mesma a tarefa de *explicar* como uma razão pura pode ser prática, o que se confundiria inteiramente com a tarefa de explicar *como a liberdade é possível*.[8]

Na verdade, a menos que se infrinja o ensinamento da dialética transcendental da primeira *Crítica*, não é possível *demonstrar* a existência desse poder normativo, pois uma tal demonstração significaria que existe um domínio de conhecimento supraempírico, ou ainda, um uso que não seja somente regulador, mas efetivamente constitutivo da razão teórica.[9] Esse poder pode

8 Kant, *Grundlegung*, *AA* IV, p.458-9; *FMC*, p.393.

9 A propósito da diferença entre uso regulador e uso constitutivo das ideias da razão pura (especulativa), ver o apêndice *da Dialética*

tão somente ser verificado ou constatado, isto é, primeiro reconhecido pelo sujeito nele mesmo sobre o modo do "é assim", antes de ser objetivado e institucionalizado, pelo menos no caso do direito.

Na *Crítica da razão prática*, essa constatação corresponde à doutrina (que, a propósito, está longe de ser transparente) do "fato da razão" (*Faktum der Vernunft*). Há, na obra de 1788, sete ocorrências dessa expressão enigmática, que não é fácil de enquadrar em um só e mesmo padrão, pois ora se trata da consciência da lei moral, ora da lei moral ela mesma, que é apresentada como "o fato único da razão pura",[10] um fato "absolutamente inexplicável"[11] no qual "a razão pura se prova em nós como atualmente prática".[12] Vale a pena citar a passagem na qual Kant, após ter formulado a lei fundamental da "razão prática pura", isto é, o "princípio U", introduz esta noção:

> Pode-se denominar a consciência desta lei fundamental um *factum* da razão, porque não se pode trapacear para deduzi-la de dados anteriores da razão, por exemplo, a consciência da liberdade (pois essa não nos é dada previamente), mas porque ela se

transcendental da *Crítica da razão pura*: *KrV*, B 670 ss. Um uso constitutivo das ideias transcendentais (a alma, o mundo, Deus) será tal que "por meio dele os conceitos de certos objetos seriam dados"; o uso regulador dessas ideias é, por outro lado, "excelente e necessário", pois "orienta o entendimento até um certo objetivo em vista do qual as linhas diretoras de todas suas regras convergem em um ponto" (*KrV*, B 672).

10 Kant, *KpV*, *AA* 5, p.31; *CRPr*, p.107.

11 Kant, *KpV*, *AA* 5, p.43; *CRPr*, p.143.

12 Kant, *KpV*, *AA* 5, p.42; *CRPr*, p.72.

impõe a nós por ela mesma como proposição sintética *a priori* que não é fundada sobre nenhuma intuição, nem pura, nem empírica.[13]

De minha parte, compreendo essa passagem do seguinte modo. O fato da razão é a consciência imediata e puramente racional (pois, estritamente falando, essa ideia, não podendo se apoiar em nenhuma intuição, é ininteligível) de que a *normatividade* se impõe a nós (o critério de universalizabilidade) como uma estrutura formal coextensiva a todo exercício da razão. "Há normas", ou melhor: "há o normativo", tal é o "fato" que é constitutivo do uso prático da razão e da razão ela mesma; e trata-se, paradoxalmente, de um fato não "factual", desprovido de todo teor empírico (a capacidade normativa não é intuída) e irredutível a toda inferência discursiva (ela não se demonstra). O fato da razão significa que a razão pura não pode experimentar a si mesma a não ser como um poder normativo e avaliativo, um poder que ela "constata" em si e com o qual ela se identifica ao registrar a diferença irredutível do *Sollen* e do *Sein,* do dever ser e do ser *como se* fosse um fato.[14] Bem entendido, a menos que permaneça virtual, essa estrutura normativa deverá aplicar-se a uma matéria e dará lugar a inferências (aos juízos); mas a estrutura da normatividade precede à matéria à qual vai

---

13 Kant, *KpV*, *AA* V, p.31; *CRPr*, p.56.

14 Repetidamente, Kant indica que a lei moral (ou a consciência da lei moral) se dá ao sujeito "como se fosse um fato": ver *KpV*, *AA* V, p.47, 55, 91, 104; *CRPr*, p.81, 96, 163, 187. Ele teria, então, endossado o seguinte juízo de Kelsen: "a diferença entre o *Sein* e *Sollen* não pode ser explicada. Ela nos é dada à consciência de modo imediato" (Kelsen, *Théorie pure du droit*, p.14).

se aplicar (as máximas da ação) e é totalmente independente dela, e essa é toda a diferença em relação ao funcionamento das operações cognitivas, que supõem que essa matéria seja dada independentemente do trabalho categorial que o entendimento realiza sobre ela. O fato da razão não é, pois, outra coisa do que a designação (paradoxal) dessa propriedade que a razão pura possui de ser imediatamente normativa por *ela mesma* e para ela mesma: "para sua legislação, exige-se que [a razão] precise pressupor apenas *a si mesma*".[15]

Essa capacidade normativa, esse poder de discriminar o que é "bom" do que é "mau" (essa terminologia sumária deverá necessariamente ser refinada), cuja existência e validade a razão reconhece *por si mesma* (enquanto razão *pura*) graças ao teste de universalização, é o que constitui a lei fundamental da normatividade (o "princípio U"). Ela constata a existência de uma estrutura normativa à qual deve ser submetida toda proposição prática (toda máxima de ação): será validada pela razão toda proposição normativa cujo caráter universalizável nos vejamos compelidos a reconhecer. Relembremos a esse respeito a definição canônica que a *Grundlegung* dá do imperativo categórico:

> Portanto, há um único imperativo categórico e é o seguinte: age somente segundo a máxima graças a qual possas ao mesmo tempo querer que ela se torne uma lei universal.[16]

---

15 *KpV*, *AA* V, p.20; *CRPr*, p.38.

16 Kant, *Grundlegung*, *AA* IV, p.421; *FMC*, p.215. Essa clara formulação deveria permitir resolver o debate infrutífero sobre o caráter único ou não do imperativo categórico. Embora na *Grundlegung* Kant apresente três (ou quatro) formulações, o que lhe permite falar nos imperativos categóricos, ele constata que não pode haver

Na *Crítica da razão prática*, a "lei fundamental da razão pura" recebe uma formulação muito próxima:

> Age de tal modo que a máxima de tua vontade possa sempre valer ao mesmo tempo como princípio de uma legislação universal.[17]

A lei fundamental da razão pura prática (que toma a forma de um imperativo ou de um comando para todo ser que não seja puramente racional, que é, como o homem, afetado pelos impulsos sensíveis suscetíveis de contrapor-se às injunções normativas da razão e cuja vontade não é santa, ancorada no Bem, no entanto, suscetível de ser pura, ordenada ao Bem[18]) não tem então por função prescrever o que se deve fazer ou do que se abster, mas definir a condição à qual todo projeto de ação, qualquer que seja sua fonte, deve satisfazer para ser reconhecido como normativamente válido ("bom").

Isso permite, a meu juízo, resolver um debate que até o momento tenho deixado em aberto: a razão prática é ela mesma uma faculdade de *ditar* as normas de ação ou somente de *reco-*

---

senão um único imperativo categórico, pois se trata simplesmente da estrutura formal de toda proposição normativa; essa estrutura, porém, é evidentemente suscetível de diversas apresentações. Kant, de resto, é absolutamente claro sobre esse ponto: "Os três modos mencionados de se representar o princípio da moralidade não são, de fato, no fundo, senão diferentes formulações de uma só e única lei" (Kant, *AA* IV, p.436; *FMC*, p.269).

17 Kant, *KpV*, § 7, *AA* V, p.30; *CRPr*, p.54.

18 Para essa distinção, ver Kant, *Gundlegung*, *AA* IV, p.404-5; *FMC*, p.141-2.

nhecer sua validade? Parece claro que a segunda solução é a boa (e, acrescentarei, a mais fecunda na perspectiva de uma teoria da normatividade). A tarefa própria da razão prática pura não é produzir, com a ajuda de seus únicos recursos, normas de ação dotadas de um conteúdo determinado (de uma "matéria"); cabe a ela fornecer um *instrumento de avaliação* da validade e, portanto, de uma certa maneira, do ser ou da existência[19] das proposições normativas cujo conteúdo "material" é, de algum modo, dado independentemente da forma racional, a qual, por si só, lhes dá validade. À primeira vista, isso é surpreendente: nem a *Grundlegung* nem a segunda *Crítica* respondem direta e explicitamente à questão de saber se a razão é capaz de produzir por ela mesma as normas dotadas de um conteúdo determinado. Mas, isso é assim porque, na perspectiva de Kant, ainda que a questão do conteúdo das normas (jurídicas ou éticas) não seja secundária, ela é, ao menos, segunda. Trata-se, antes, de saber se a razão pura pode nos dar uma razão suficiente e necessária para reconhecer a validade de tal ou tal conteúdo normativo fornecido alhures. Mas como, então, isso ocorre? Parece-me que a resposta a essa questão é oferecida pela referência insistente feita, na *Grundlegung*, assim como na *Crítica da razão prática*, ao que Kant denomina, alternadamente, "entendimento comum", "a razão comum", "o juízo comum da razão", "o uso comum da razão", ou, ainda, a "razão sã" [*saine raison*].[20]

19 Ver Kelsen, *Théorie pure du droit*, p.18: "por validade, designamos o modo de existência específica das normas". [O tradutor brasileiro opta por *vigência* em vez de *validade* nesta sentença. (N. T.)]

20 Ver, entre outras passagens: Kant, *Gundlegung*, *AA* IV, p.402, 404 e 439; *FMC*, p.141, 143 e 281; *KpV*, *AA* V, p.52 e 91; *CRPr*, p.91 e 163.

O sujeito moral não descobre *ex nihilo* o conteúdo das normas às quais suas máximas devem se ordenar; esse conteúdo normativo (ou, mais exatamente, essas *moções* normativas) está, por assim dizer, a seu dispor, na medida em que é alocado pelo que se poderia denominar de *razão pública*; eu quase ousaria dizer "no sentir moral comum", não fosse a crítica à qual a segunda *Crítica* submete o "sentimento moral", que, como todo princípio "material", é necessariamente fonte de heteronomia.[21] Essa razão pública pode, por exemplo, ser encarnada pelo legislador ou pela opinião pública, cujas máximas têm sempre necessidade de ser submetidas ao teste racional da universalizabilidade. Se não existe heteronomia, é porque essa fonte de conteúdos normativos públicos tem seu princípio de validade fora dela mesma, na simples forma da universalidade racional. A publicidade das normas permanece distinta da sua racionalidade, mesmo se a razão não é plenamente ela mesma senão em se fazendo razão pública.

Tudo isso mostra o caráter vão da discussão desgastada a respeito do "formalismo" da filosofia moral kantiana, já evocado no início deste livro. Esse formalismo – reivindicado, mas num sentido bem preciso – não tem nada de repreensível nem de restritivo desde que a função da razão consista apenas em submeter as candidaturas ao estatuto de proposição normativa (as "máximas" que, na consciência do sujeito, definem as regras de ação, do tipo "eu me dou por regra fazer *x*") a um teste para estabelecer, de maneira apodítica, sua validade, isto é, mostrar que eles são, de fato, suscetíveis/capazes de cons-

---

21 Ver Kant, *KpV*, *AA* V, p.40-1; *CRPr*, p.69-70.

tituir normas. Esse teste não diz respeito ao seu conteúdo, evidentemente variável e empiricamente condicionado, mas à sua forma e, mais precisamente, à sua *quantidade*: é uma norma de ação racionalmente validada aquela cujo conteúdo é suscetível de ser afirmado sob a forma de uma proposição deôntica universal do tipo: "quaisquer que sejam os tempos, o lugar e as circunstâncias, todo sujeito deve prescrever-se o que fazer por meio da regra fazer *x*".

É necessário, então, evitar crer que Kant entendia, a partir do "princípio único de todas as leis morais e dos deveres conforme a essas leis",[22] a autonomia da vontade ou, sobretudo, a estrutura formal de autolegislação, como engendradora de todas as normas de ação quanto ao seu conteúdo determinado, isto é, que ele pretenderia que se pudesse *deduzir* de tal princípio, de modo cognitivo, um sistema de obrigações determinadas. A autonomia da vontade, "propriedade que possui a vontade de ser por ela mesma uma lei (independentemente de toda propriedade dos objetos do desejo)",[23] não é a fonte das normas; ela é somente a fonte do caráter obrigatório (*Verbindlichkeit*) que elas apresentam quando são válidas. Por conseguinte, a única questão à qual responde a *Crítica da razão prática* é a seguinte: a obrigatoriedade das normas de ação pode ter um fundamento exclusivamente racional e, por consequência, ser independente de todo elemento de natureza empírica? A resposta – positiva – dada a isso é a teoria do imperativo categórico e da autonomia da vontade. Noto *en passant* que a expressão "autonomia da vontade", onipresente na *Grundlegung*, é (salvo

22 Ver Kant *KpV*, § 8, *AA* V, p.33; *CRPr*, p.58.

23 Ver Kant, *Grundlegung*, *AA* IV, p.440; *FMC*, p.285.

no §8 do primeiro capítulo[24]) muito mais rara na *Crítica da razão prática*, onde a questão da autonomia da razão prática (pura) é mais frequente, inclusive na mesma passagem; ela desaparecerá completamente da *Metafísica dos costumes*, onde a autonomia não está em questão, exceto duas vezes, mas nos dois casos com respeito à razão prática[25] (com a qual, é verdade, Kant busca, doravante, identificar à vontade). Constata-se, então, uma rarefação desse tema, que não está certamente sem relação com a reconfiguração da relação razão-vontade-arbítrio que foi objeto do primeiro capítulo.

De qualquer maneira, ao fazer da autolegislação racional "a condição *formal* de todas as máximas",[26] a *Crítica da razão prática* sustenta que é a forma universal da legalidade (o "princípio U") a única que permite distinguir uma *lei* prática ("devo desejar *x*") e um preceito hipotético e condicional ("para obter *x*, devo desejar *y*"), que não é senão uma regra técnico-prática.

---

24 Ver Kant, *KpV*, § 8, *AA* V, p.33; *CRPr*, p.58: "a *autonomia* da vontade é o único princípio de todas as leis morais e dos deveres conformes a elas". Veja-se a propósito dessa noção de autonomia as precisões de J.-P. Fussler na nota 100 de sua tradução (*Critique de la raison pratique*. Paris: GF-Flammarion, 2003, p.330-2).

25 Ver Kant, *MdS, Tugendlehre, Einleitung, AA* VI, p.383; *MC*, p.288 e *MdS, Tugendlehre*, § 52, p.480; *MC*, p.439. Aliás, a primeira dessas passagens faz da autonomia racional uma propriedade de seres finitos que "dão prova de santidade" (em vez da "vontade santa", como dizia a *Grundlegung*); de modo contrastante, uma doutrina da virtude que se aplique a seres cuja "moralidade [...] não pode ser mais do que virtude", uma vez que eles podem somente "*aspirar* à virtude" (visto que eles só podem aspirar à sabedoria), "contém uma *autocracia* da razão prática".

26 Ver Kant, *KpV*, § 8, *AA* V, p.33; *CRPr*, p.58. [Grifo de J.-F. Kervégan. (N. T.)]

Então, assim como a *Crítica da razão pura* não visava produzir conhecimentos relativos a tal ou tal tipo de objeto (empírico ou metaempírico), mas definir as condições gerais de verdade de um discurso sobre uma objetividade qualquer, a *Crítica da razão prática*, do mesmo modo, tem por tarefa não produzir as normas da ação boa (elas são fornecidas pela razão pública), mas fornecer o princípio mesmo de sua obrigatoriedade: a *universalizabilidade*.

A "regra de reconhecimento" kantiana

Mas, na máxima subjetiva, sobre o que exatamente deve incidir esse teste de universalização racional que é a "lei moral"? Ele não se aplica à intenção (*Absicht*), ou, dito de outro modo, ao objetivo concreto da ação que o agente se propõe a realizar, mas à "disposição de espírito" (*Gesinnung*) na qual ele se encontra quando se propõe (tal é sua máxima) de agir conforme a uma certa regra, cuja validade se trata, então, de testar.[27] O que, em minha máxima, deve ser universalizável, não é o meu objetivo intencional, mas, se assim quisermos dizer, o estado de espírito no qual eu me encontro quando me prescrevo perseguir esse objetivo. Eis o que está indicado com toda clareza nesta passagem da *Grundlegung*:

> Uma ação realizada por obrigação tem seu valor moral não no *intuito a* ser realizado por ela, mas na máxima segundo a qual

27 Parece-me, portanto, que a tradução de *Gesinnung* por "intenção" (Delbos, Picavet, Renaut) dever ser evitada. Por outras razões, também descarto "resolução" (Fussler).

> é decidida, logo não depende da realidade do objeto de ação, mas unicamente do *princípio do querer* segundo o qual a ação é realizada, abstração feita de todos os objetos da faculdade do desejo.[28]

É, portanto, um contrassenso (às vezes cometido) definir a ética kantiana como uma "moral da intenção". O que faz o caráter moral, ou imoral, de minha máxima de ação não é a intenção de ter, ou não, de devolver um depósito a mim confiado, mas o caráter "formalmente" universalizável (ou não) da *Gesinnung* na qual eu me encontro quando me dou por regra restituir, ou não, esse depósito. O que deve poder ser universalizado é essa qualidade segunda, atrevo-me a dizer, da ação. Isso mostra claramente, a meu ver, que na empresa de estabelecimento crítico do poder normativo da razão pura não são *as normas* que estão em questão (elas estão de certo modo sempre presentes nisso que nomeei de razão pública), mas *a normatividade* como tal, isto é, a estrutura "formal" ou *a priori* das proposições deônticas.

Pode a razão, por ela mesma, fazer *mais* do que a segunda *Crítica* mostra que ela é única e eminentemente capaz: estabelecer a validade de proposições normativas, ou, dito de outro modo, a universalizabilidade de suas máximas? Pode ela, além disso, *produzir*, por ela mesma, as normas de ação ou, pelo menos, formular as regras de formação de tais normas racionais? Pode haver aí, noutros termos, normas que não sejam somente reconhecidas pela razão, mas que sejam as normas racionais nelas mesmas? Essa demanda se situa num nível muito elevado de exigência com relação à racionalidade, pelo

---

28 Ver Kant, *Grundlegung*, *AA* IV, p.399-400; *FMC*, p.125.

menos, tal como Kant a compreende. Uma comparação com o domínio teórico (cognitivo) mostra-o claramente. Na *Crítica da razão pura* não se trata, de modo nenhum, de produzir um saber racional de objetos não empíricos como aqueles da *metaphysica specialis*: a alma, o mundo, Deus. É sabido, pelo contrário, que o principal resultado da *Crítica* é a impossibilidade de toda e qualquer metafísica especulativa, que deve ceder lugar a uma metafísica da natureza e a uma filosofia prática transcendental, ou metafísica dos costumes.[29] Colocar a questão da possível produção pela razão de normas de ação determinadas é exigir de seu uso prático/normativo *muito mais* do que de seu uso teórico, exigência que não é, aliás, forçosamente infundada.

A questão "a razão *conhece* ou *reconhece* as normas?" liga-se, no fundo, indiretamente, à discussão antiga sobre a relação entre a doutrina kantiana e o direito natural, bem como ao tipo de jusnaturalismo ("formalista" no vocabulário de Hegel[30]) que essa doutrina pode representar. Em termos contemporâneos, essa questão pode conduzir à pergunta sobre a possibilidade de uma passagem, a partir de premissas kantianas, de uma concepção procedimental para uma concepção cognitivista da razão prática. Passagem evidentemente difícil, mas cuja questão se coloca tanto acerca dos textos kantianos quanto na sua recepção posterior; em particular, estou pensando, aqui, na ética comunicativa e na controvérsia entre Apel e Habermas sobre a natureza "transcendental" ou "pragmática" de suas

29 Ver Kant, *KrV*, B 873-9.

30 Ver Hegel, *Über die wissenschatlichen Behandlungsarten das Natur rechs*, em *Werke* 2, p.453 ss; *Des manières de traiter scientifiquement du droit naturel*, p.29 ss.

pressuposições.[31] Um dos aspectos dessa discussão é o seguinte: o teste de universalização que enuncia a lei fundamental da razão pura prática se aplica somente à *máxima* da ação, a saber, à "regra que o agente dá a si mesmo como princípio para as razões subjetivas",[32] ou ele também pode ser aplicado ao teor "objetivo" das proposições normativas? Kant, de modo explícito, escolhe claramente a primeira opção; mas parece-me que ele mesmo e aqueles que se proclamam herdeiros de sua obra passam, com frequência de modo tácito, da primeira à segunda interpretação. Ora, elas correspondem a orientações claramente diferentes em matéria de filosofia moral. Parece-me que a leitura cognitivista da filosofia prática kantiana[33] supõe tal passagem.

Seja como for, um resultado procede claramente dos principais textos de Kant sobre a questão da estrutura sistemática da filosofia transcendental, a saber, do capítulo "Arquitetônica da razão pura" da *Crítica da razão pura* e da Introdução da *Crítica da faculdade de julgar*, em suas duas versões: embora os poderes ou capacidades (*Vermögen*) do espírito[34] sejam três – o entendimento, a razão e a faculdade de julgar (donde as três *Críticas*) –,

31 Ver (entre outros textos), por um lado, Habermas, *Théorie de l'agir communicationnel*, t.1, p.283 ss e *Morale et communication*, p.63 ss, e, por outro lado, Apel, *Discussion et responsabilité*, t.1 e *Penser avec Habermas contre Habermas*.

32 Ver Kant, *MdS*, *Einleitung*, *AA* VI, p.225; *PMDir*, p.27.

33 Ver Habermas, *Morale et communication*, p.84: "Todas as éticas cognitivistas remontam à intuição expressa por Kant no imperativo categórico".

34 Contorno, aqui, a dificuldade – real, pois ela acarreta as escolhas de interpretação global – que representa a tradução do termo *Gemüt* utilizado para denominar o "substrato" comum às três faculdades.

a filosofia, enquanto "conhecimento racional por conceitos [simples]", pode comportar apenas e tão somente *dois* ramos: a filosofia *teórica* e a filosofia *prática*; e sua parte pura merece ser nomeada, num caso, metafísica da natureza e, noutro, metafísica dos costumes.[35] Kant precisa, alhures, que só são relevantes para a filosofia prática propriamente dita as proposições que "dão uma lei à liberdade", ou em outros termos, as proposições normativas, "prático-morais"; as que possuem uma função descritiva, cognitiva ou instrumental em relação à ação (como é o caso das proposições "técnico-práticas" que são as "regras de habilidade" e os "conselhos da prudência") pertencem, conquanto tenham a prática (a ação) por objeto, ao domínio da *teoria*, tanto quanto a agrimensura ou a psicologia aplicada.[36] O campo da filosofia prática corresponde então exata e exclusivamente ao das leis da liberdade, essas "leis formais" que "não fazem nenhuma referência prévia nem aos fins, nem às intenções".[37]

Com apoio no que precede, cabe notar que, quando justifica o empreendimento (não previsto nos escritos sistemáticos anteriores) de uma *terceira* crítica, Kant faz referência, exclusivamente, a problemas que concernem à filosofia teórica e à metafísica da natureza, como aquele da possível existência e do estatuto de uma "legalidade do contingente", ou de uma "legalidade sem lei".[38] Em nenhum momento essa introdução

35 Ver Kant, *Grundlegung*, *AA* IV, p.388; *FMC*, p.65.

36 Ver Kant, *Erste Einleitung*, *AA* XX, p.199-201; Primeira Introdução à *CFJ*, p.34 e 35.

37 Kant, *KU*, *AA* V, p.173; *CFJ*, p.73-4.

38 Para essas expressões ver, respectivamente, *Nachlass*, *AA* XX, p.204 ("legalidade contingente") e 217 ("a finalidade é uma legalidade do contingente enquanto tal"), e Kant, *KU*, *AA* V, p.241; *CFJ*, p.137.

de uma crítica do poder de julgar está justificada por apelo às tarefas da filosofia prática, pois esta concerne exclusivamente ao poder normativo que tem a razão de *determinar* a particularidade das máximas de ação segundo uma legalidade formal e universal. Em particular, pode-se constatar, no confronto entre a *Metafísica dos costumes* e os escritos de filosofia prática anteriores à terceira *Crítica* (a *Fundamentação* e a *Crítica da razão prática*), que a filosofia prática pura não é de nenhum modo afetada em seu conteúdo pela introdução da temática do juízo reflexivo/reflexionante (quer seja de gosto ou de finalidade); isso depõe contra as interpretações arendtianas (ou lyotardianas) da filosofia prática e, em particular, da filosofia política kantiana, na qual se busca, às vezes, ver um exercício da faculdade de juízo reflexionante.[39] Ora, em Kant, é somente em relação à *natureza* que se pode suscitar o problema de uma eventual legalidade do contingente, objeto da faculdade do juízo reflexionante.[40] As obrigações práticas, quanto a elas, têm somente na *razão pura*, que é "prática por ela mesma", a origem de sua obrigatoriedade: elas ilustram o poder que esta tem de submeter o arbítrio (*Willkür*) às leis de uma vontade (*Wille*) racional que, "na medida em que pode determinar o arbítrio, é a razão prática ela mesma". Se é verdade que o poder de julgar ocupa uma posição intermediária entre a filosofia teórica e a filosofia prática ao permitir que, subjetivamente, se compreenda a coexistência,

---

39 Ver Arendt, *Conférences sur la philosophie politique de Kant*, em *Juger: sur la philosophie politique de Kant*, p.21-117; Lyotard et al., *La faculté de juger*.

40 Kant, *MdS*, *Einleitung*, *AA* VI, p.213; *PMDir*, p.14. No primeiro capítulo, já comentamos essa surpreendente e impactante identificação da vontade com a razão prática.

em si mesma ininteligível, da natureza e da liberdade, entre as quais assegura uma passagem (*Übergang*),[41] não por isso a temática do juízo reflexionante afeta a estruturação do próprio campo prático. E há boas razões para isso.

As observações precedentes contribuem para esclarecer o problema, sob todos os aspectos delicado, da arquitetura de conjunto do sistema: como conciliar a triplicidade dos poderes do espírito e a dualidade do campo da filosofia, reafirmada na introdução da terceira *Crítica*? Elas podem também nos colocar no caminho de uma eventual unificação do campo do pensável, que se fará, então, sob a chefia do conhecimento. Pode-se ler, com efeito, na primeira Introdução da *Crítica da faculdade de julgar*, a seguinte observação:

> O conjunto das faculdades do espírito se deixa reduzir às três seguintes: faculdade de conhecer; sentimento de prazer e de desprazer; faculdade de desejar. Mas, o fundamento do exercício de todos esses poderes encontra-se sempre na faculdade de conhecer, embora nem sempre no conhecimento (pois uma representação pertencente ao poder de conhecer pode igualmente ser intuição, pura ou empírica, sem conceitos).[42]

Essa observação esclarece indiretamente o uso que, às vezes, Kant faz de uma expressão à primeira vista enigmática: a de

41 A propósito dessa noção importante, ver R. Terra, "Notes sur le concept de passage dans la pensée de Kant", em *Kant, les années 1793-1803: Opus postumum*, p.83-91.

42 Ver Kant, *Erste Einleitung*, *AA* XX, p.245; Primeira Introdução à *CFJ*, p.83-4.

"conhecimento prático" (*praktische Erkenntnis*). Ela é enigmática porque, em sentido estrito, conhecimento só existe no campo teórico; no campo prático, lidamos não com *conhecimentos* (proposições descritivas sobre estados de coisas), mas com *normas* (proposições deônticas). Só pode ser considerado como relevante para o conhecimento o juízo (determinante) que consista em dizer que tal caso deve ser subsumido à tal norma ("este ato é um roubo"); ora, esse juízo, que implica justamente a referência a uma norma (aquela que qualifica e proscreve o roubo), não é normativo, mas descritivo.[43] Todavia, se também se engloba sob o termo "conhecimento" (*Erkenntnis*) o *reconhecimento* da validade de normas dadas de um modo ou de outro, a observação citada acima adquire todo sentido. Tanto no domínio teórico (aquele do conhecimento *stricto sensu*) quanto no domínio prático (aquele das normas de ação), trata-se, sempre, para a filosofia transcendental, de definir as condições *a priori* que permitem conhecer ou reconhecer o que confere a certas proposições o estatuto de "conhecimentos" (verdadeiras em um caso, válidas no outro). Daí, talvez, o primado do conhecimento nos dois domínios que a filosofia comporta: sua posição, segundo uma imagem da qual Kant é um apreciador, é análoga àquela do *legislador* no edifício constitucional. Que nos situemos no domínio do entendimento puro

43 Esta afirmação deve ser nuançada quando se considera o contexto de uso do enunciado. Se, ao ver o preço de um objeto que desejo, eu exclamar: "É um roubo!", o juízo será evidentemente normativo. Mas, se a frase "É um roubo" for pronunciada por um policial diante de um juiz, ela terá caráter descritivo e normativa ao mesmo tempo.

ou no da razão normativa (ou mesmo na zona intermediária do juízo estético e do juízo de finalidade), trata-se, sempre, de (re)conhecer a validade dos *juízos* (juízos de conhecimento, juízos normativos, juízos teleológicos ou de gosto). No que concerne, em particular, ao domínio da razão prática (normativa), é patente que o que a filosofia oferece não é um estoque de "boas" normas (é necessário fazer isso, abster-se de fazer aquilo etc.); dito de outro modo, não é uma "ética material",[44] mas um critério de avaliação de proposições normativas dadas pela "razão pública". A lei fundamental da razão prática é, então, se assim quisermos dizer, uma "regra de reconhecimento" que permite identificar, dentre os enunciados normativos, quais são efetivamente universalizáveis e, portanto, racionalmente consistentes. Aqui, tomo emprestada a noção de "regra de reconhecimento"[45] de H. L. A. Hart, e sua extensão ao conjunto do campo da racionalidade normativa está destinada a sublinhar o caráter *procedimental* dessa lei fundamental ou, mais precisamente, do imperativo categórico. Seu "formalismo", tão criticado, limita-se a um procedimento (de resto não especificado, porque, quanto a isso, Kant remete a um sentimento de evidência compartilhada ou de "razão comum") para estabelecer a validade normativa de juízos avaliativos.

---

44 O termo está tomado de empréstimo a Scheler (ver *Le formalisme en éthique et l'éthique formelle des valeurs*), mas, aqui, tem seu significado ampliado.

45 Hart, *The Concept of Law*, p.94 ss. Sobre a "regra de reconhecimento", veja-se Picavet, *Kelsen et Hart*, p.97 ss.

A *Metafísica dos costumes* como teoria da normatividade

Apesar de seu caráter caótico,[46] a introdução da *Metafísica dos costumes* expõe as grandes linhas de uma teoria geral da normatividade sobre a base do duplo ensinamento fundamental da segunda crítica, a saber: 1. existe um poder normativo da razão; 2. esse poder consiste num procedimento, o teste da *universalizabilidade*, ao qual toda proposição normativa (prescritiva, proibitiva ou permissiva) pode e deve ser submetida. Esse ensinamento permite a construção de uma doutrina das obrigações morais (em um sentido amplo que recobre tanto as obrigações jurídicas quanto as obrigações éticas, como se verá no próximo capítulo); e essa doutrina, porque não deve se fundar sobre nenhum elemento empírico, contrariamente às doutrinas que repousam sobre a heteronomia do arbítrio, merece, plenamente, ser qualificada como metafísica. Essa metafísica dos costumes, parte pura da filosofia prática, é definida graças a uma dupla demarcação.

A metafísica dos costumes distingue-se, em primeiro lugar, da *metafísica da natureza* (cujos "primeiros princípios" Kant expôs em 1786[47]) pelo fato de ser desprovida de toda referência a um contexto de experiência por força de seu próprio princípio: a autonomia da vontade. Isso impede, notadamente, toda

46 Bernd Ludwig mostrou que, desde a edição original, o texto de Kant sofreu numerosas alterações. Sua reconstrução do texto, às vezes contestável, é, atualmente, um instrumento de trabalho indispensável. Ver sua edição em dois volumes das duas partes da *Metaphysik der Sitten*, Meiner, 1986 e 1990.

47 Kant, *Metaphysische Anfangsgründe*, *AA* IV, p.467 ss; *PMCNat*, p.13 ss.

abordagem indutiva que parta de uma hipotética "experiência moral", ficando entendido que "toda a verdadeira metafísica foi extraída da essência mesma da faculdade de pensar".[48] Dito de outro modo, na segunda *Crítica*, a refutação das doutrinas eudeumonísticas e das éticas materiais no sentido definido anteriormente,[49] tem por consequência uma assimetria estrutural entre o domínio da teoria e o domínio da prática; essa assimetria explica-se pela diferença entre a função *cognitiva* dos conceitos do entendimento e a função *normativa* dos conceitos racionais e, ao mesmo tempo, pelo papel estruturante ("legiferante"), ou não, que respectivamente têm esses conceitos nos "territórios" aos quais se aplicam.

> Os conceitos da experiência possuem seu território na natureza enquanto conjunto global de todos os objetos dos sentidos, mas não possuem ali qualquer domínio (pelo contrário, somente seu domicílio), porque são certamente produzidos por uma legislação, mas não são legisladores, as regras fundadas sobre eles são empíricas e, por consequência, contingentes.[50]

Comparativamente à "legislação [teórica] por meio de conceitos da natureza", a "legislação [prática] por meio do conceito de liberdade", que "opera unicamente por meio da razão", e cuja metafísica dos costumes expõe os princípios puramente racionais, é propriamente legisladora e não simplesmente legal; poder-se-ia dizer metaforicamente (e sabe-se que Kant aprecia

48 Kant, *Metaphysische Anangsgründe*, *AA* IV, p.472 ss; *PMCNat*, p.18.
49 Ver Kant, *KpV*, *AA* IV, p.22 ss; *CRPr*, p.40 ss.
50 Kant, *KU*, *AA* V, p.174; *CFJ*, p.74.

esse registro) que ela é de ordem "legislativo-constituinte", e não simplesmente legislativa. Em todo caso, "é unicamente no domínio prático que a razão pode legislar".[51]

Em segundo lugar, a metafísica dos costumes se distingue do que, neste contexto, é denominado de *antropologia moral*. Retomarei mais detidamente, no capítulo quatro, a relação entre metafísica e antropologia. Por ora, indico simplesmente que, depois da Introdução da *Metafísica dos costumes*, a antropologia, que está fundada sobre um conhecimento da *natureza* humana, "não pode em nenhum sentido preceder a metafísica dos costumes, nem ser confundida com ela".[52] Na verdade, como a ciência da natureza, a antropologia, por mais úteis que sejam seus ensinamentos, não fornece nenhum meio de estabelecer ou de validar as normas universais-racionais; ela descreve somente "as condições [...] tanto negativas quanto positivas, da *execução* das leis",[53] as quais, além disso, são estabelecidas pela filosofia puramente normativa. Dito de outro modo, ela expõe as condições sociais e psicológicas da aceitabilidade e da observância dessas normas.

Há, em todo caso, nessa demarcação entre a filosofia estritamente normativa, que deve ser a metafísica dos costumes, e o saber tanto puro (a metafísica da natureza) quanto empírico (antropologia), uma diferença maior entre Kant e o jusnaturalismo moderno (a cuja tradição ele se diz pertencente), pois este, a partir de Grotius, busca fundar a doutrina das obrigações sobre um conhecimento exato da "natureza ra-

51 Kant, *KU*, *AA* V, p.174; *CFJ*, p.75.

52 Ver Kant, *MdS*, *Einleitung*, *AA* VI, p.217; *PMDir*, p.18.

53 Kant, *MdS*, *Einleitung*, *AA* VI, p.217; *PMDir*, p.18.

zoável e sociável" do homem. Na verdade, se a filosofia moral também inclui, assim como o conhecimento da natureza, uma parte pura e uma parte empírica, há, no seu caso, uma solução de continuidade entre uma e outra: a mesma que existe, para empregar um vocabulário kelseniano, entre *Sollsätze* e *Seinsätzen*: entre proposições normativas e proposições descritivas. Afinal de contas, a filosofia prática, contrariamente à filosofia teórica, cujos enunciados são sempre sobre uma experiência possível (e a uma ciência experimental possível), se reduz à sua parte pura (normativa), pois sua parte empírica (a antropologia e suas regras "técnico-práticas") não é precisamente *prática* em sentido pleno, ou seja, "prático-moral".

> A filosofia não pode, então, em sua parte prática (ao lado de sua parte teórica), compreender nenhuma doutrina *tecnicamente prática*, mas simplesmente uma doutrina *moralmente* prática.[54]

Por consequência, a unidade do campo prático, que corresponde à do poder normativo da razão pura ela mesma, não parece suscitar problemas; como explicar então a necessidade de dividir a *Metafísica dos costumes* entre uma *Rechtslehre* e uma *Tugendlehre*? Antes de examinar, no capítulo seguinte, essa divisão, questionemos, primeiramente, em que consiste a distinção entre legalidade e moralidade, que aparece nos escritos dos anos 1780 e se mantém, aparentemente, na *Metafísica dos costumes*. Ela não compromete a proclamada unidade do campo prático-normativo?

---

54 Ver Kant, *MdS*, *Einleitung*, *AA* VI, p.217-8; *PMDir*, p.19. Sobre essa distinção, ver, igualmente, Kant, *KU*, *AA* V, p.172; *CFJ*, p.72.

Transição: legalidade e moralidade

Entre a *Crítica da razão prática* e a formulação que recebe o problema da normatividade na *Metafísica dos costumes*, a diferença importante é a seguinte. Na obra de 1788, a distinção entre legalidade e moralidade tem por efeito, senão por objetivo, *excluir* do campo da filosofia moral a "simples legalidade" (e, *consequentemente*, o direito, pelo menos quando este é exteriormente observado em si mesmo). Kant distingue legalidade e moralidade da seguinte maneira:

> Se a determinação da vontade se produz em *conformidade* à lei, mas somente por meio de um sentimento, de qualquer espécie que seja e que tenha de ser suposto a fim de que se torne um fundamento suficiente da determinação da vontade, por conseguinte, não produza *por causa da lei ela mesma*, a ação terá alguma *legalidade*, mas não a *moralidade*.[55]

E extrai-se daí a conclusão que somente a ação feita "por obrigação", e não aquela que é simplesmente "conforme à obrigação", comporta um "valor moral":

> O conceito de obrigação exige, então, *objetivamente* da ação que ela esteja de acordo com a lei, mas da máxima da ação exige, *subjetivamente*, o respeito pela lei enquanto modo único de determinação da vontade por ela mesma. E é sobre isso que repousa a diferença entre a consciência de ter de agir *conforme a obrigação*

---

55 Kant, *KpV*, *AA* V, p.71; *CRPr*, p.126-7. Ver, igualmente, Kant, *KpV*, *AA* V, p.118 e 151-2; *CRPr*, p.233 e 269-70.

> e aquele de ter de agir *por obrigação*, ou seja, por respeito à lei; a primeira (a legalidade) sendo possível mesmo quando as inclinações tenham sido os únicos fundamentos de determinação da vontade, ao passo que, para a segunda (a *moralidade*), é necessário que o valor moral seja colocado unicamente em que a ação tenha sido feita por obrigação, ou seja, porque a lei o exige.[56]

No entanto, é necessário dizer que a distinção entre legalidade e moralidade, tal como aparece na *Crítica da razão prática*, não é equivalente àquela do direito e da ética enquanto corpos ou domínios de normas; ela visa antes distinguir duas modalidades na maneira pela qual o sujeito se relaciona com a norma (seja ela, além disso, jurídica ou ética). Pode, na verdade, haver uma relação "moral" (= ética) com a lei jurídica (caso se esteja conforme a ela porque acredita-se em seu valor), e uma relação "legal" com a norma ética (ao segui-la por temor da reprovação). No entanto, ao observar a maneira com que a distinção é formulada na obra de 1788, parece claro que a legalidade (o respeito exterior à norma, sem que esse respeito constitua a razão subjetiva para agir) corresponde ao modo usualmente mantido pelos indivíduos com as normas jurídicas. Digamos que o direito não necessita, da parte das pessoas às quais se destina, esperar *mais do que* uma relação de conformidade simplesmente legal, exterior, se assim preferirmos dizer, com as normas por ele estabelecidas. Essa relativa subvalorização do direito (mais exatamente, da relação que ele normalmente estabelece entre o sujeito e a norma) explica por que, na segunda *Crítica*, a "moralidade" parece se confundir com a esfera da ética, pois

56 Ver Kant, *KpV*, *AA* V, p.81; *CRPr*, p.144.

somente esta exige que seja levado em conta, na avaliação do agir e de sua máxima, a relação *subjetiva* com a norma, a "disposição de espírito" (*Gesinnung*) interna na qual o sujeito age, e não simplesmente o teor objetivo da ação externa da qual é considerado autor.

Tudo se passa, então, como se, na segunda *Crítica* (e *a fortiori* na *Grundlegung* de 1785), a parte pura da filosofia moral, ou seja, a *metafísica* dos costumes, se reduzisse ao que, na terminologia posterior, se nomeará ética ou doutrina da virtude. A partir de então, fora da filosofia moral, compreendida como ética, só há espaço para uma "antropologia moral", que não pertence de modo algum à metafísica, pois ela se funda sobre um conhecimento da *natureza* humana e não possui, em razão disso, nenhum caráter *normativo*. A partir desse momento, o direito não goza de nenhuma autonomia conceitual em relação à normatividade moral ou ética. Até esse ponto, essas duas últimas denominações podem ser consideradas como sinônimas.

Por outro lado, na *Metafísica dos costumes* (na verdade, essa reviravolta já é observável em *Teoria e prática* e no escrito sobre a paz perpétua), Kant opera uma reavaliação muito clara da normatividade jurídica. Sem dúvida, ela possui, como veremos no próximo capítulo, uma estrutura diferente daquela da normatividade ética, mas ela não deve, de modo nenhum, ser relegada a segundo plano. Assim, dois tipos de normatividade coexistem agora no coração da metafísica dos costumes; e eles se distinguem menos pela natureza e pelo conteúdo das obrigações, das interdições e das licitudes que comportam, do que pela *modalidade* dessas obrigações etc. Sua diferença não é, em primeiro lugar, uma diferença dos objetos ou dos domínios, como se poderia crer ao fazer corresponder a distinção do direito e da ética à das normas "externas" e "internas"; ela é, em primeiro lugar, uma diferença da "modalidade da obrigação":

> A ética possui, por certo, também obrigações particulares (p.ex., os deveres consigo mesmo), contudo, ela tem também obrigações em comum com o direito; o que ela não tem em comum com este último é somente a modalidade da *obrigação*.[57]

Com efeito, e voltaremos a esse ponto no próximo capítulo, a obrigação ética é sempre "interna", no sentido em que ela acarreta uma adesão do sujeito à norma, enquanto a obrigação jurídica não supõe (mas não exclui) essa adesão.

Essa transformação da tópica kantiana da normatividade é acompanhada, parece-me, por uma modificação da própria *significação* da distinção entre legalidade e moralidade. Sem dúvida, no momento em que ela aparece novamente na Introdução geral da *Metafísica dos costumes*, essa distinção *parece* entrecruzar exatamente aquela do direito e da ética, sobretudo se admitirmos, como fazem certos comentadores e tradutores, que "conformidade com a lei" (*Gesetzmässigkeit*) e "legalidade" (*Legalität*) são exatamente sinônimos para Kant, o que não julgo ser precisamente o caso. Kant escreve o seguinte:

> Essas leis da liberdade se denominam *morais*, à diferença das leis da natureza. Na medida em que concernem somente às ações puramente exteriores e a sua conformidade à lei (*Gesetzmässigkeit*), elas são designadas como *jurídicas*; mas se, ademais disso, exigem que elas mesmas (as leis) devam ser os fundamentos de determi-

57 Kant, *MdS*, *Einleitung*, *AA* VI, p.220; *PMDir*, p.23.

> nação das ações, elas são *éticas*, e diz-se então que o acordo com as leis jurídicas define a *legalidade* da ação [e que] o acordo com as leis éticas define sua *moralidade*.[58]

De outra parte, um pouco mais à frente, na "Divisão de uma metafísica dos costumes", as duas distinções (legalidade--moralidade; direito-ética) não mais se sobrepõem exatamente. A legislação ética, escreve Kant, "faz de uma ação uma obrigação e, ao mesmo tempo, erige essa obrigação em móbil (*Triebfeder*)"; doutra parte, a legislação jurídica "não integra o móbil à lei e [...] admite outro móbil distinto da ideia mesma de obrigação".[59] Daí resulta que "as obrigações praticadas de acordo com a legislação jurídica não podem ser senão obrigações externas" que requerem um "móbil exterior"[60] (por exemplo, o temor da sanção); a legislação ética, em contraste, pode incidir tanto sobre as ações externas quanto sobre as ações internas, pois o que a caracteriza não é o domínio dos objetos sobre os quais incide, mas o modo de relação do sujeito com a ação (interno *ou* externo) prescrita pela norma. Sendo assim, a legislação ética, como visto, "não poderia ser exterior", enquanto, por isso mesmo, a legislação jurídica "pode também ser exterior".[61]

Desse modo, a distinção entre legalidade e moralidade, que ressurgiu no mesmo contexto, não pode mais ser considerada como idêntica à distinção entre as legislações ética e jurídica, mesmo se elas forem correlatas entre si: ela concerne, na ver-

---

58 Kant, *MdS*, *Einleitung*, *AA* VI, p.214; *PMDir*, p.15.
59 Kant, *MdS*, *Einleitung*, *AA* VI, p.219; *PMDir*, p.20.
60 Kant, *MdS*, *Einleitung*, *AA* VI, p.219; *PMDir*, p.20.
61 Kant, *MdS*, *Einleitung*, *AA* VI, p.220; *PMDir*, p.21.

dade, às *ações* e não à modalidade da obrigação à qual se vincula. A legalidade designa assim "a simples concordância ou não concordância de uma *ação* com a lei, abstração feita do móbil dessa ação", uma vez que a moralidade designa a situação em que "a ideia da obrigação resultante da lei é, ao mesmo tempo, a mola propulsora [*Triebfeder*] da *ação*".[62] Disso resulta que o sujeito pode perfeitamente fazer um uso simplesmente "legal" de normas que são, nelas mesmas, éticas; por exemplo, quando ele observa as prescrições nelas contidas por simples conformismo ou por hipocrisia, as quais, contudo, exigiriam um engajamento ético. Ele pode e, nalgum sentido, deve ou deveria manter uma relação "moral" com as normas jurídicas, ou seja, tornar uma obrigação respeitá-las não por temor de sanções, mas porque considera um dever conformar sua ação às regras do direito. O interesse que há em distinguir a *natureza da norma* (jurídica ou ética segundo o tipo de compromisso da subjetividade que ela evoca) e o *caráter das ações* (legal ou moral, segundo o modo como tal ou tal sujeito lhes relaciona com as normas) se manifesta claramente no caso, já examinado, do "direito de mentir". No pequeno texto que trata desse tema, bem como na Introdução da *Metafísica dos costumes*, Kant insiste em que a recusa de um tal pretenso direito, assim como a correlata obrigação de veracidade, pertence não à ética, mas ao direito estrito. O próximo capítulo vai retornar a esse ponto, mas já se pode extrair uma primeira lição desse exame do modo de funcionamento da razão normativa. A distinção de dois tipos de normatividade (ética e jurídica) é, para o Kant

62 Kant, *MdS*, *Einleitung*, *AA* VI, p.219; *PMDir*, p.20. [Grifo de J.-F. Kervégan. (N. T.)]

da *Metafísica dos costumes*, menos uma hierarquia (as normas de direito são plenamente normas e elas não são menos obrigatórias que as normas éticas) do que uma coordenação horizontal entre duas "modalidade[s] de obrigação", entre duas maneiras de considerar a relação do sujeito com a normatividade: à primeira vista, o direito prescreve (ou interdita ou autoriza) os *fins obrigatórios*.[63] Convém, então, precisar o que veio a ser a distribuição dos espaços normativos para o último Kant. Eis o objetivo do próximo capítulo.

63 À primeira vista, pois veremos no próximo capítulo que na realidade o direito define em primeiro lugar as normas permissivas (os *direitos*), na medida em que a ética, não obstante a existência da *adiaphora* (ver Kant, *MdS*, *Tugendlehre*, *AA* VI, p.409; *PMDVir*, p.329), contém sobretudo as obrigações (prescrições ou interdições).

III
Juridicidade

O verdadeiro entusiasmo não se volta sempre para o que é puramente moral, como, por exemplo, o conceito de direito.[1]

É ao final do século XVIII, inicialmente graças a Thomasius,[2] depois a Kant, Fichte, Hegel e (sob outras premissas) Bentham, que deixamos de considerar como evidente o acoplamento entre o direito e a ética, que havia tido um papel essencial nas teorias clássicas do direito natural, em particular com Grotius. Se, por razões pragmáticas, deixarmos de lado a crítica utilitarista das "ficções" do direito natural, as quais, de acordo com Bentham, repousam sobre uma confusão do que é o direito e do que se desejaria que ele fosse, acarretando um

1 Kant, *Der Streit der Fakultäten*, *AA* VII, p.86. *CF*, p.103.

2 Ver Thomasius, *Einleitung zur Sittenlehre* (1692), reedição em *Ausgewählte Schriften*, t.10, e *Summarischer Entwurf der Grundlehren* (1699), reedição em *Ausgewählte Schriften*, t.13, p.105: Thomasius, em ruptura com a tradição dominante, sustenta ali que há uma "diferença entre a ética e o direito natural".

desconhecimento da natureza e da verdadeira origem dos direitos, que são "os filhos da lei",[3] poderemos considerar que a filosofia clássica alemã, malgrado sua poderosa tese sobre a unidade da razão teórica e da razão prática – ou, talvez, em razão dela –, exerceu um papel maior no que se pode designar como o desacoplamento entre direito e ética, desacoplamento que será herdado pelo dispositivo juspositivista, que, a partir do século XIX, viria a tornar-se um dogma. Por certo, Kant proclama solenemente "a unidade da razão pura inteira, a teórica e a prática",[4] essa razão devendo ser compreendida como uma "faculdade dos princípios" e distinguida da simples "faculdade das regras", que é o entendimento.[5] Mas, para ele, dessa unidade da razão segue-se, pelo menos no último estágio de

3 Bentham considera as expressões "direito natural" e "lei natural" como "impropriedades de linguagem" que se tornaram um "crime moral" prestes a se transformarem em um "crime legal" por força da positivação dos direitos do homem nas revoluções do final do século XVIII (Bentham, "Sur l'usage et l'abus du mot 'droit'", em *Bentham contre les droits de l'homme*, p.124). Essa crítica teve um papel maior no desenvolvimento da variante anglo-saxônica do positivismo jurídico, isto é, no que se chama *analytical jurisprudence*. Ver Hart, "Utilitarianism and moral right", em *Essays in Jurisprudence and Philosophy*, p.181-97; "Natural Rights: Bentham and John Stuart Mill" e "Legal Rights", em *Essays in Bentham*, p.79-104 e 162-93.

4 Kant, *KpV*, *AA* V, p.91; *CRPr*, p.319. Por seu lado, Fichte afirma que a *Doutrina da ciência* tem condições de demonstrar "como a razão pode ser prática e como essa razão prática não é, em absoluto, algo inconcebível como às vezes se pretende que seja; e que, absolutamente, tampouco é uma segunda razão, mas é aquela mesma que todos nós espontaneamente reconhecemos como a razão teórica" (Fichte, *System der Sittenlehre*, em *Werke* 4, p.57; *Système de l'éthique*, p.59).

5 Kant, *KrV*, A 194.

sua filosofia prática, a diferenciação de seu uso. Inicialmente, convém distinguir cuidadosamente o uso teórico (cognitivo) e o uso prático (normativo) dessa razão una. Depois, no seio da razão prática, será necessário distinguir a normatividade jurídica e a normatividade ética. Kant e Fichte chegaram a essa conclusão quase simultaneamente, em 1795-1796. Em Kant, ela é ilustrada pela divisão da *Metafísica dos costumes* em uma doutrina do direito (*Rechtslehre*) e uma doutrina da virtude (*Tugendlehre*). Em Fichte, ela conduziu à redação paralela de um "direito natural" (*Grundlage des Naturrechts*) e de uma "ética" (*System der Sitttenlehre*).

Tanto para um quanto para o outro, o interesse principal dessa distinção é, primeiro, o de estabelecer a autonomia plena do direito relativamente à normatividade ética. Fichte afirma, assim, que "a doutrina filosófica do direito" não deve ser um "capítulo da moral", mas "uma ciência própria e autônoma".[6] Inicialmente, foi ao reinterpretar a distinção entre moralidade e legalidade, tratada no capítulo precedente, que Kant, por seu lado, tratou de sublinhar a especificidade do direito com relação à ética no quadro global de uma "metafísica dos costumes", que, sem dúvida, seria oportuno denominar de teoria geral das normas, não tivesse Kelsen se apropriado da expressão. Esta última, enquanto "sistema das obrigações em geral", encontra-se em condições de reivindicar unicamente para si o título de "moral" (*die Moral*); e é esse termo que assumiu, daí em diante, um sentido genérico, como indicado pela "Divisão da moral", que (por erro) figura no fim da Introdução à *Doutrina*

6 Fichte, *Grundlage des Naturrechts*, em *Werke* 3, p.10; *Fondement du droit naturel*, p.25.

do direito:[7] as obrigações jurídicas e as obrigações éticas se enquadram nela da mesma forma e em igual medida. É patente, portanto, que Kant, antes de Hegel, dedicou-se a diferenciar direito, ética e moral. Mas suas respectivas distribuições dos termos são diferentes: em Kant é a moral (*die Moral*) que é o gênero do qual a ética (*Sittenlehre* ou *Tugendlehre*) são as espécies; em Hegel, ao contrário, é a *Sittlichkeit*, termo que Hegel se apressa em precisar que não o emprega no sentido kantiano,[8] que caberá englobar e "suprimir" [*abolir*] (*aufheben*) os dois sistemas normativos abstratos que são o direito abstrato-privado (*das abstrakte Recht*) e a moralidade (*die Moralität*). Antes de estudar o significado dessa distinção no contexto kantiano, importa, contudo, voltar ao que Kant, na *Grundlegung*, denominou de imperativo categórico da ética (*der kategorische Imperativ der Sittlichkeit*). Não será necessário ver na escolha dessa denominação a prova de que só as prescrições éticas merecem ser qualificadas de morais, não as do direito?

O "imperativo categórico da ética" encontra-se no fundamento do direito?

A moral está na moda, em particular entre os juristas e teóricos do direito, o que é uma novidade depois de um século e meio da suposta hegemonia do positivismo jurídico; alguns deles chegam mesmo a sustentar que haveria um "discurso

---

7 Kant, *MdS*, *Rechtslehre*, *Einleitung*, *AA* VI, p.242; *PMDir*, p.47.

8 Hegel, *Grundlinien*, § 33, em *Werke* 7, p.88; *Principes de la philosophie du droit*, p.180.

moral" no fundamento do direito,[9] ao passo que a lista dos critérios de identificação do positivismo jurídico estabelecida por Hart fazia da separação entre direito e moral um elemento-chave, senão o único, da concepção positivista do direito.[10] De fato, na argumentação antipositivista, tal como atualmente desenvolvida por autores como Dworkin ou Habermas, mas já antes por Lon Fuller ou Radbruch, a referência a Kant parecia destinada a ter um papel decisivo. Com efeito, segundo uma leitura muito difundida, Kant não distinguiria o direito da ética (ou da "moral", mas veremos que convém utilizar antes o primeiro desses termos) a não ser para melhor subordinar o primeiro à segunda, a simples "legalidade" das regras jurídicas da "moralidade" às obrigações éticas. De acordo com esse prisma, o que Kant denomina direito cosmopolita teria um lugar de destaque. É tentador, com efeito, interpretar a inscrição do direito privado e do direito público em uma perspectiva cosmopolita, isto é, em uma "filantrópica-universal"[11] como prova de que, em Kant, o direito situa-se sempre em um horizonte ético.

---

9 Ver o subtítulo do livro de R. Dworkin, *Freedom's Law: The Moral Reading of the American Constitution*.

10 Hart, *The Concept of Law*, p.185 ss; a lista dos critérios constava em nota na p.302; *Le concept de droit*, p.203 ss e p.317-8. Veja-se igualmente "Positivism and the Separation of Laws and Morals", em Hart, *Essays in Jurisprudence and Philosophy*, p.57-8. Por sua parte, Kelsen escreve: "é evidente para todo jurista que, enquanto tal, quer dizer, enquanto se tratar do conhecimento das normas jurídicas, ele deve fazer abstração da moral" (*Die philosophischen Grundlagen der Naturrechtslehre und des Rechtspositivism*, p.30; tradução em *Théorie générale du droit et de l'État*, p.456).

11 Kant, *Gemeinspruch*, *AA* VIII, p.307; *Teoria e Prática*, p.95.

É por adotar essa perspectiva que Habermas, por exemplo, sustenta que Kant, "desde o início, desenvolve sua teoria do direito enquadrada em uma teoria moral"; em parte, ele se afasta de Kant porque "em Kant o direito natural ou moral [...] assume uma proeminência tal que o direito corre o risco de ser reduzido à moral", o que Habermas se recusa a fazer.[12] Por certo, poder-se-ia objetar a Habermas que ele desconhece, como muitos outros, que, para Kant, pelo menos a partir de 1795, o termo "moral" tem um sentido amplo (que inclui "a moral enquanto doutrina do direito") e um sentido restrito (correspondente à ética ou doutrina dos deveres de virtude).[13] Essa objeção não é, contudo, inteiramente satisfatória se estiver correta a interpretação proposta em *Direito e democracia*, diferentemente da de *Direito e moral*: em Kant, certamente o direito não se reduz à moral (compreendida como ética), mas é pensado a partir dela sendo-lhe feitas várias restrições.[14] Por conseguinte, para discu-

12 Habermas, *Droit et moral*, p.81-2. Desde *Faktizität und Geltung*, Habermas não cessou de sublinhar que sua visão do direito respeita a autonomia deste com relação à moral e que, nesse sentido, ele é "positivista". De minha parte, levantei algumas dúvidas com relação a esse ponto. Ver Kervégan, "*Rechtliche und moralische Normativität. Ein 'idealistische' Plädoyer für den Rechtspositivismus*", em *Rechtstheorie*, Berlim, 39-1, 2008, em particular, p.51-2.

13 Ver Kant, *MdS*, *Rechtslehre*, *AA* VI, p.242; *PMDir*, p.47, e *Frieden*, *AA* VIII, p.383, 384 e 386; *PPerpétua*, p.76, 78 e 80. Em um rascunho da Introdução à *Metafísica dos costumes*, Kant escreve: "A moral se compõe da doutrina do direito e da doutrina da virtude. Aquela também se chama *Jus* no sentido geral do termo, e esta, *Ethica*, no sentido particular do termo (pois, no sentido geral, esta também significa a moral em sentido global" (Kant, *Nachlass*, *AA* XXIII, p.386).

14 "O princípio jurídico limita o princípio moral. Uma vez estabelecida esta limitação, a legislação moral se reflete na legislação jurídica" (Habermas, *Droit et démocratie*, p.122).

tir seriamente a "leitura moral" da teoria kantiana do direito, é preciso estabelecer que esta possui um princípio distinto e independente do da ética. Para fazê-lo, lembrarei primeiramente o sentido e as implicações da distinção estrita entre direito e ética no seio da "moral" kantiana. Em um segundo momento, precisarei os caracteres específicos da normatividade jurídica. Por fim, em terceiro lugar, examinarei o estatuto do "direito cosmopolita" na arquitetura da filosofia prática, fazendo-o com o objetivo de lembrar que ele pertence ao direito *stricto sensu* e que não constitui uma "passarela" entre o direito e a ética.

A leitura "moral" de Kant não pertence somente a uma visão interessada, como pode ser o caso da leitura de Habermas;[15] ela também se encontra, em formas às vezes muito sofisticadas, no comentário erudito. É assim que Hans Friedrich Fulda desenvolveu uma interpretação impressionante da relação entre direito e ética em Kant, a qual faz do "imperativo categórico da ética" a "pressuposição" de uma demonstração da necessidade do direito e de sua autonomia. Esta última torna-se, então, forçosamente relativa, pois supõe um "princípio supremo" que lhe é externo.[16] Refutando uma a uma do conjunto das in-

15 Interessada no sentido em que Habermas, desde seus primeiros trabalhos, jamais leu os clássicos por eles mesmos, mas sim na perspectiva de um "interesse emancipatório": ver *Connaissance et intérêt*, p.232 ss. Nesse sentido, ele pode legitimamente afirmar que se inspirou em Kant, o inventor da ideia do interesse da razão, o qual afirma que "todo interesse é, em definitivo, prático" (Kant, *KpV*, *AA* V, p.121; *CRPr*, p.219). Ver também *KrV*, B 694-695; *KpV*, *AA* V, p.79 e 119-21; *CRPr*, p.141 e 216-8.

16 Fulda, "Notwendigkeit des Rechts unter Voraussetzung des kategorischen Imperativs der Sittlichkeit", em *Jahrbuch für Recht und Ethik*, 14, 2006. Uma versão resumida desse longo artigo está disponível

terpretações e das críticas das quais a concepção kantiana das relações entre ética e direito foi objeto – inclusive a posição que vou adotar no que segue e que corresponde em linhas gerais a de Marcus Willaschek[17] –, Fulda sustenta que nenhuma delas consegue segurar as duas pontas da corrente, a saber: a da autonomia do direito e a do caráter único e incondicional do imperativo categórico. Toda sua argumentação repousa sobre uma convicção:

> Segundo a concepção kantiana, o único imperativo categórico que há e que pode haver é aquele que, em uma passagem importante, é chamado de o imperativo categórico da ética. Será para não encorajar esse erro [o de que poderia haver uma significação que exorbitasse o campo do imperativo ético] que naquilo que segue nos ateremos a essa incômoda denominação de "imperativo categórico da ética" sempre que se tratar do comando que usualmente é chamado de imperativo categórico.[18]

Parece-me possível, senão refutar, pelo menos relativizar essa conclusão, se nos convencermos que a concepção kantiana da normatividade, e, portanto, a do imperativo categórico, passou por uma evolução importante entre a *Grundlegung* de 1785

---

em língua francesa em "Necessité du droit sans présupposition de l'impératif catégorique de l'éthique" em *Raison pratique et normativité chez Kant: droit, politique, cosmopolitique.*

17 Willaschek, "Which Imperatives for Right? On the non-Prescriptive Character of Juridical Laws in Kant's *Metaphysics of Morals*", em *Kant's* Metaphysics of Morals *- Interpretative Essays.*

18 Fulda, "Notwendigkeit des Rechts...", p.169; "Nécessité du droit...", p.9.

e a *Metafísica dos costumes* de 1796-1797. Ora, essa evolução parece-me incontestável, e eu a indiquei no capítulo precedente. Mas, olhemos de mais perto o que, a esse propósito, ocorre com relação ao "imperativo categórico da ética".

Eis o que, ao termo de um desenvolvimento destinado a estabelecer a diferença entre os imperativos hipotéticos (segundo os quais a ação que projetamos "é um meio em vista de outra coisa") e o imperativo categórico, Kant escreve na *Grundlegung* (se algo como ele haverá de existir):

> Há, finalmente, um imperativo que comanda imediatamente uma certa conduta, sem tomar por fundamento dela nenhuma intenção a ser realizada. Esse imperativo é *categórico* [...]. [Ele] pode ser denominado o imperativo da *ética* (*Sittlichkheit*).[19]

No contexto da *Grundlegung*, o significado da expressão não provoca grande dúvida. Há apenas um e único imperativo categórico, diz-nos Kant,[20] e esse imperativo é de natureza ética ou moral (os dois termos tendo naquele momento o mesmo sentido); todos os demais, inclusive, certamente, as normas jurídicas, devendo ser considerados como hipotéticos, logo, como condicionais. Por certo, há uma questão a respeito do direito em um passo da *Grundlegung* que se encontra no quarto

---

19 Kant, *Grundlegung*, *AA* IV, p.416; *FMC*, p.197. O que pode se justificar pelo fato de que, pelo menos até *A religião nos limites da simples razão*, Kant não diferencia os dois termos. Mas, será necessário distinguir retrospectivamente, como é feito na *Metafísica dos costumes*, "ética" e "eticidade" (*sittlich*, *Sittlichkeit*), por um lado, e, por outro, "moral" e "moralidade" (*moralisch*, *Moralität*).

20 Kant, *Grundlegung*, *AA* IV, p.421; *FMC*, p.215.

dos exemplos destinados a ilustrar a primeira das três formulações do imperativo categórico: "age como se a máxima de tua ação devesse ser erigida por tua vontade como uma *lei universal da natureza*".[21] Com a ajuda desse exemplo, Kant fustiga aqueles que "põem à venda os direitos do homem ou atentam contra eles de outros modos".[22] Entretanto, o contexto mostra claramente que não é o direito enquanto tal que está aqui em questão, mas, antes, a relação que o sujeito mantém subjetivamente – sob o aspecto ético, portanto – com as normas jurídicas. Aliás, a máxima destituída de sua eventual pretensão de ser "erigida em lei universal da natureza" não é aquela que preconizaria (?!) a violação dos direitos dos homens, mas, antes, a que (com muita frequência) envolve a violação do direito com palavras de "simpatia e benevolência". Na verdade, o que está sendo criticado aqui é a velhacaria daquele a quem Kant chama, no Apêndice da *Paz perpétua*, o "moralista político".[23] Vê-se bem, portanto, que aqui trata-se do direito, e isso é feito tão somente do ponto de vista de uma legislação

---

21 Kant, *Grundlegung*, *AA* IV, p.421; *FMC*, p.215.

22 Kant, *Grundlegung*, *AA* IV, p.423; *FMC*, p.223. Contrariamente ao que se poderia de início pensar, a expressão "o direito dos homens" não designa os direitos humanos, mas antes, o direito humano positivo.

23 Kant, *Frieden*, *AA* VIII, p.372; *PPerpétua*, p.60. O "moralista político" é aquele que "fabrica uma moral conforme os interesses do homem de Estado", enquanto o "político moral" é aquele que honra em cada um de seus atos "a moral enquanto doutrina do direito", isto é, aquele que concebe a política como uma "doutrina aplicada do direito". Kant, *Frieden*, *AA* VIII, p.370; *PPerpétua*, p.57. [J.-F. Kervégan identifica que, neste trecho a tradução francesa é defeituosa. (N. T.)]

ética possível, a única que, para o Kant de 1785, pode dar lugar a um imperativo *categórico*.

Ora, as coisas se apresentam de um modo muito diferente nos escritos mais tardios. Primeiro, é preciso notar que a expressão "imperativo categórico da ética" não se reencontra tal qual na *Crítica da razão prática*, nem na *Metafísica dos costumes*. Por certo, na Introdução à *Doutrina da virtude*, Kant fala de um "imperativo categórico ético";[24] mas, na *Doutrina do direito*, por duas vezes, ele evoca um imperativo categórico *jurídico*,[25] o que atesta o caráter genérico que, a partir de então, essa expressão passa a ter. Ademais, e este é meu argumento principal, não é certo que o termo *Sittlichkeit*, do próprio ponto de vista de Kant, tenha mantido o mesmo significado. Se é verdade que na *Fundamentação*, e, sem dúvida, na segunda *Crítica*, ele é quase sinônimo de *Moralität*, essa equivalência já não cabe a partir do momento em que, notadamente no escrito sobre a paz perpétua (1795), Kant distingue expressamente "a moral como ética" (*die Moral als Ethik*) e "a moral como doutrina do direito" (*die Moral als Rechtslehre*), e isso com a clara intenção de sublinhar a autonomia e a dignidade equivalente da esfera jurídica.[26] É em linha direta com essa inovação conceitual que a *Metafísica dos costumes* faz da ética (*die Ethik* = *Tugendlehre*, doutrina da virtude) e da doutrina do direito (*die Rechtslehre*) os dois domínios conexos

---

24 Kant, *MdS*, *Tugendlehre*, *AA* VI, p.383; *MC*, p.288. A tradução diz "moral", em vez de "ética".

25 Kant, *MdS*, *Rechtslehre*, *AA* VI, p.331 e 336; *PMDir*, p.150 e 156. Nos dois casos, trata-se da justiça e da lei penal.

26 Kant, *Frieden*, *AA* VIII, p.386; *PPerpétua*, p.81. Como vimos, a expressão "a moral (enquanto doutrina do direito)" retorna nada menos do que três vezes nesse Apêndice.

nos quais se distribui a moral (*die Moral*). O direito e o tipo de normatividade que ele reconhece e executa são independentes da esfera e da normatividade éticas (ordenadas segundo o princípio da moralidade entendido em sentido restrito), o que não exclui que ambos tenham uma raiz comum (o que é traduzido precisamente pela noção de obrigação, *Pflicht*, comum aos dois domínios). Essa distinção do direito e da ética é, sem dúvida, uma das lições extraídas por Kant do desenvolvimento caótico do processo revolucionário na França: a ditadura da virtude que reinou durante o Terror certamente alimentou sua reflexão sobre a relação do direito com a ética, assim como, mais tarde, ocorreu com Hegel.[27] Seja como for, doravante Kant valoriza fortemente o direito, no qual ele vê uma barreira contra os excessos do "moralismo político". O conceito *moral* (e não ético!) do direito e seu coroamento, a constituição republicana, são, simplesmente por sua possibilidade ideal, o que dá sentido ao Iluminismo e o que atesta o poder normativo da razão.

Assim, em seu último estágio, a filosofia prática de Kant concede ao direito autonomia com relação à ética, diferentemente dos escritos de 1785-1787, nos quais, incontestavelmente, esta última predominava dando a impressão de que se identificava com o todo da moral. Diante disso, não se pode afastar *a priori*, como faz Fulda apoiando-se na passagem da *Grundlegung* citada acima, que o imperativo categórico, conceito central da "filosofia prática pura", possa ser declinado de modo

27 Ver Hegel, *Vorlesungen über die Philosophie der Weltgeschichte*, em *Werke* 12, p.533; *Leçons sur la philosophie de l'histoire*, p.342: "Robespierre colocou o princípio da virtude como o objeto supremo e pode-se dizer que esse homem tomou a virtude a sério".

específico nos dois domínios que, para o último Kant, compõem a moral. Esta é a hipótese que quero propor: há, ao lado do imperativo categórico ético (incontestavelmente o único que Kant tinha em vista quando redigia a *Fundamentação*, e ainda, sem dúvida, na *Crítica da razão prática*), um *imperativo categórico jurídico*, cuja dignidade não é menor, mas que possui características específicas. Antes de expô-las, examinemos mais de perto como as relações entre a moral, o direito e a ética aparecem na *Metafísica dos costumes*.

Moral, direito e ética

Depois de ter indicado que toda legislação possui dois componentes, "uma *lei* que representa a ação a realizar como *objetivamente* necessária" e "uma mola propulsora (*Triebfeder*) que liga *subjetivamente* à representação da lei ao princípio que determina o arbítrio desta ação", a *Metafísica dos costumes* distingue a legislação jurídica e a legislação ética da maneira seguinte:

> A legislação que faz de uma ação uma obrigação e, ao mesmo tempo, dessa obrigação uma mola propulsora é *ética*. Mas a legislação que não integra a mola propulsora na lei e que, por conseguinte, admite também outra mola propulsora que não a da ideia mesma de obrigação é *jurídica*.[28]

A re-evocação, algumas linhas depois, da distinção entre moralidade e legalidade, que sublinha a especificidade da obrigação moral (= ética!), parece indicar a continuidade do que

28 Kant, *MdS*, *Einleitung*, *AA* VI, p.219; *PMDir*, p.20.

o que aqui Kant tem em vista com o propósito kantiano na segunda *Crítica*. Mas não é em absoluto assim. Na *Crítica da razão prática*, a distinção entre legalidade e moralidade corresponde, como vimos, à da ação "conforme ao dever" e à da ação "por dever".[29] Considerando que é "da maior importância [...] que toda a moralidade das ações seja colocada na necessidade de praticá-las *por dever*",[30] é claro que a simples legalidade da ação (no sentido da *Gesetzmässigkeit*), dito de outro modo, sua conformidade exterior (jurídica) ao dever, possui um coeficiente de moralidade muito fraco. Em contrapartida, a *Metafísica dos costumes* claramente indica que as leis jurídicas, que "só se reportam a ações puramente externas e a legalidade delas", são, também elas, "leis morais", isto é, "leis da liberdade".[31] Por isso, a "simples legalidade" torna-se uma modalidade plena da moralidade (em sentido amplo), e não mais sua pálida extensão; em outros termos, as regras jurídicas devem ser consideradas como obrigações plenas, não como simples recomendações técnicas ou pragmáticas (como "conselhos da prudência", ou como "regras de habilidade", segundo a terminologia da *Grundlegung*[32]). O que distingue as normas jurídicas e as normas éticas não é seu caráter mais ou menos obrigatório, condicional ou incondicional, mas o fato de que elas correspondem a tipos diferen-

29 Kant, *KpV*, *AA* V, p.81; *CRPr*, p.283. De minha parte, prefiro traduzir *Pflicht* por obrigação, o dever correspondendo antes a *das Sollen*. Nessa ocasião, contudo, não modifico a tradução, por força do caráter quase proverbial adquirido pela distinção "conforme ao direito/por dever".

30 Kant, *KpV*, *AA* V, p.81; *CRPr*, p.283.

31 Ver Kant, *MdS*, *Einleitung*, *AA* VI, p.214; *PMDir*, p.15.

32 Ver Kant, *Grundlegung*, *AA* IV, p.416; *FMC*, p.197.

tes de *comprometimento* da subjetividade. Poder-se-ia dizer que, no perímetro do direito, a subjetividade só se compromete com a ação e suas consequências, enquanto, no caso da ética, ela assume (mediante sua máxima) a responsabilidade de seu compromisso subjetivo com relação ao propósito da ação. Em resumo:

> A legislação ética [...] é a que não *pode* ser exterior; a legislação jurídica é a que pode também ser externa.[33]

Assim, a divisão da metafísica dos costumes em uma "metafísica do direito" e em uma "metafísica da virtude" não corresponde à de dois domínios ou de dois corpos normativos que se diferenciariam por seus objetos, como se houvesse "coisas" jurídicas e "coisas" éticas. Ela se reporta antes a dois tipos distintos de relação do destinatário com a lei: a legalidade (no sentido da *Gesetzmässigkeit*) designa "a simples concordância de uma ação com a lei, sem considerar a mola propulsora dessa ação", enquanto a moralidade (no sentido da *Sittlichkeit*) faz dessa concordância "a mola propulsora da ação".[34] Essa distinção da legalidade e da moralidade, vimos, já se encontrava presente na *Crítica da razão prática*, mas seu significado ali era notavelmente diverso, uma vez que ele tendia a excluir a "simples legalidade das ações" (no sentido de conformidade exterior das

33 Kant, *MdS*, *Einleitung*, *AA* VI, p.220; *PMDir*, p.22.

34 Kant, *MdS*, *Einleitung*, *AA* VI, p.219; *PMDir*, p.21. Retomo a tradução literal de *Triebfeder* por "mola propulsora" (Fussler, *CRPr*) em vez de "móbil". [A tradução brasileira de Joãosinho Beckenkamp traduz, da maneira tradicional, *Triebfeder* por móbil. (N. T.)]

condutas às normas jurídicas), exigindo delas, em acréscimo, a "moralidade das disposições" do sujeito.[35] A integração de uma doutrina do direito à parte *pura* da filosofia prática (à *metafísica* dos costumes) representa, portanto, uma modificação considerável da própria definição dessa filosofia. A partir daí, ética e direito se distinguem não tanto pelo conteúdo objetivo das normas que prescrevem, mas, antes, pela "modalidade da obrigação"[36] respectivamente prescrita. Objetivamente, o campo das prescrições jurídicas e o das prescrições éticas se sobrepõem largamente. Com efeito, todas as obrigações jurídicas, porque são obrigações, são também obrigações éticas: é meu dever, enquanto sujeito *ético*, tomar como máxima a de me submeter às regras do direito.[37] Dessa forma, a ética "possui, é certo, também suas obrigações particulares", mas "ela tem também obrigações compartilhadas com o direito".[38]

As normas jurídicas exigem uma conformidade externa da *ação* com a lei, enquanto as normas éticas implicam também uma adesão interna dos destinatários; em outras palavras: a ética exige que eles façam do respeito à norma (que ela própria pode concernir tanto a ações externas quanto à relação do sujeito com si mesmo) sua *máxima* subjetiva. Mas isso não quer dizer que as primeiras tenham menor dignidade que as segundas. Há, ao contrário – em todo caso é isso que me parece derivar do próprio projeto de uma *Metafísica dos costumes* –,

---

35 Ver Kant, *KpV*, *AA* V, p.71-2, 81, 118, 151-2; *CRPr*, p.127, 143, 213-4 e 269-70.

36 Kant, *MdS*, *Einleitung*, *AA* VI, p.220; *PMDir*, p.22.

37 Kant, *MdS*, *Einleitung*, *AA* VI, p.219; *PMDir*, p.21.

38 Kant, *MdS*, *Einleitung*, *AA* VI, p.220; *PMDir*, p.22.

uma estrutura *a priori* da normatividade que é comum às duas partes dessa filosofia prática pura. Essa estrutura foi elucidada no capítulo precedente. Ela não é senão a que é enunciada pela *Crítica da razão prática*: a "lei fundamental da razão prática pura", lei que, para os seres sensíveis e finitos para os quais "a razão não é o único princípio determinante da vontade",[39] assume a forma de um comando ou de um imperativo incondicionado (categórico):

> Age de tal maneira que a máxima de tua vontade possa ao mesmo tempo valer como princípio de uma legislação universal.[40]

Na *Metafísica dos costumes*, a apresentação desse imperativo (assim como sua distinção dos imperativos "técnicos") é diferente, posto que esse conceito é introduzido a partir da noção de obrigatoriedade (*Verbindlichkeit*).[41] Como em seus escritos anteriores, Kant insiste sobre o fato de que o imperativo categórico não se deixa reconduzir ao esquema fim/meio, que é próprio dos imperativos hipotéticos/técnicos. Mas, o que importa sublinhar em primeiro lugar é o fato de que, doravante, esses conceitos (imperativo, imperativo categórico, obrigação, obrigatoriedade) farão parte dos "*conceitos comuns às duas partes* da metafísica dos costumes".[42] É preciso concluir, pelo menos,

39 Kant, *KpV*, *AA* V, p.20; *CRPr*, p.37.

40 Kant, *KpV*, *AA* V, p.30; *CRPr*, p.103.

41 Ver Kant, *MdS*, *Einleitung*, *AA* VI, p.222; *PMDir*, p.24. Tendo escolhido verter *Pflicht* por "obrigação" (ver *supra*, nota 29 deste capítulo), traduzo *Verbindlichkeit* por "obrigatoriedade".

42 Ver Kant, *MdS*, *Einleitung*, *AA* VI, p.222; *PMDir*, p.24. [Grifos de J.-F. Kervégan. (N. T.)]

que no campo do direito há lugar para "leis moralmente práticas", formalmente análogas às leis éticas.

A *Doutrina do direito* desenvolve, então, uma concepção que podemos chamar de uma concepção dessubjetivada da normatividade. Com efeito, logo após ter introduzido o princípio universal do direito (sobre o qual retornarei), Kant precisa que, se ele certamente é o princípio de todas as máximas – entenda-se: de todas as máximas que possamos propormo-nos no *contexto do direito*, portanto, as regras subjetivas que devemos observar em nossas condutas e ações referidas a outrem –, "não se pode exigir que eu o *tome como máxima* de minha ação".[43] Em outras palavras: não é, em absoluto, requerido que, para conformar-me ao princípio do direito, eu o faça por amor ao direito e a esse princípio. Não que as disposições subjetivas e sua eventual moralidade (ou, mais exatamente, sua eticidade no sentido kantiano) sejam supérfluas. Mas levá-las em conta não é *requerido* para uma definição mínima ou estrita do direito. De fato, "fazer-me do agir conforme ao direito uma máxima é uma exigência que me é dirigida pela ética",[44] não pelo próprio direito.

Essa elevação do direito à condição de uma esfera autônoma da normatividade, que desfruta de uma validade *a priori* e específica, tem uma ilustração notável no pequeno texto *Sobre um pretenso direito de mentir por amor à humanidade*, já evocado na Introdução deste livro. Kant afirma ali que a obrigação de veracidade pode ser estabelecida unicamente no terreno do *direito*, sem que se faça referência alguma a normas éticas (que, bem entendido,

43 Kant, *MdS*, *Rechtslehre*, *AA* VI, p.231; *PMDir*, p.35.
44 Kant, *MdS*, *Rechtslehre*, *AA* VI, p.231; *PMDir*, p.35.

também proscrevem a mentira, mas por outras razões). Com efeito, a veracidade (a obrigação de sustentar a promessa que se fizer) é uma pressuposição necessária do comércio praticado dentro da lei, uma vez que é a própria possibilidade dos atos contratuais que depende dela.

Por certo, o respeito a *todas* as normas jurídicas está também implicado na legislação ética, que tem como regra geral a de que é necessário que nos conformemos às regras do direito; mas isso quer tão somente dizer que temos uma razão *ética* (em termos kantianos: um móbil ou uma mola propulsora, *Triebfeder*) de subjetivamente nos conformarmos a uma norma (jurídica) cuja validade é, contudo, independente do consentimento que lhe devemos dar, mas que não o oferecemos necessariamente:

> Vê-se que todas as obrigações, simplesmente por serem obrigações, pertencem à ética; entretanto sua *legislação* não é, por isso, sempre contida na ética, para muitas delas sendo-lhes externa.[45]

Esta rápida passagem pelos textos introdutórios da *Metafísica dos costumes* permite que se tire como conclusão a existência de uma normatividade jurídica *a priori*: deve haver imperativos jurídicos categóricos, assim como há imperativos categóricos éticos, se for verdadeiro que as duas partes da *metafísica* dos costumes possuem dignidade igual. Isso significa particularmente duas coisas.

1) A legislação jurídica é, por certo, como lembramos, "aquela que pode também ser externa", enquanto a legislação ética

---

45 Kant, *MdS*, *Einleitung*, *AA* VI, p.219; *PMDir*, p.21.

"não *pode* ser externa".[46] Mas se for, como a da ética, uma *legislação*, ela não se situa em nível inferior, ela não pode ter uma dignidade normativa menor. Não pode haver hierarquia entre os imperativos categóricos, uma vez que estes apresentam uma mesma estrutura "formal", a de uma regra ou de um teste de universalização. Não se evocará aqui, senão para em seguida esquecer, o contrassenso, infelizmente frequente, consoante ao qual, para Kant, as normas jurídicas seriam simples imperativos hipotéticos. A falar-se propriamente, se fosse assim, dado que os imperativos hipotéticos não pertencem à metafísica dos costumes,[47] não faria sentido algum empreender a constituição de uma metafísica do direito, isto é, uma doutrina dos princípios *a priori* de toda legislação jurídica positiva possível, o que reduziria a metafísica dos costumes à ética, o que provavelmente era o que Kant pensava quando redigiu a *Grundlegung* e a *Crítica da razão prática*.

2) Essa dignidade dos dois domínios da legislação moral (direito e ética) não é incompatível com uma diferenciação formal dos tipos de imperativos que operam num e noutra. A distinção usual entre *forum internum* e *forum externum*, a qual o próprio Kant às vezes não se furta de recorrer, não é forçosa-

46 Kant, *MdS*, *Einleitung*, *AA* VI, p.220; *PMDir*, p.21.

47 Ver Kant, *MdS*, *Einleitung*, *AA* VI, p.217-8; *PMDir*, p.19: "em sua parte prática (ao lado de sua parte teórica) a filosofia não pode compreender nenhuma doutrina *tecnicamente* prática, mas unicamente uma doutrina *moralmente* prática". Veja-se igualmente, Kant, *Grundlegung*, *AA* IV, p.420; *FMC*, p.209-11: "somente o imperativo categórico tem o valor de uma *lei* prática, enquanto o conjunto dos outros imperativos podem ser denominados *princípios*, mas não leis da vontade".

mente probatória; a fórmula citada *supra* ("a legislação jurídica é a que pode ser externa") o indica claramente. Ainda que as observações de Kant a esse respeito não sejam muito precisas, são *prima facie* até contraditórias, vemo-nos tentados a relacionar a diferença entre leis jurídicas e éticas com a que é feita alhures entre três tipos de normas: a lei imperativa (*lex praeceptiva*), a lei proibitiva (*lex prohibitiva*) e a lei permissiva (lex *permissiva*). Por certo, esse terceiro tipo de lei só é evocado na Introdução à *Metafísica dos costumes* a título hipotético.[48] É verdade que, no rigor da acepção, somente as leis imperativas e proibitivas são leis; a lei permissiva da prática de uma ação, "se tal lei existir", somente nos faz conhecer um *adiaphoron morale*. Mas pode ocorrer que tomar a sério a *lex permissiva* seja um meio de tornar precisa a diferença entre a legislação jurídica e a legislação ética. Será necessário voltar a esse ponto.

De tudo isso, retenhamos que a *Metafísica dos costumes* e, de maneira particular, a sua primeira parte, a *Doutrina do direito*, opera implicitamente (sem por isso justificar-se nem dizê-lo de maneira expressa) com uma concepção "deseticizada" da obrigação e da obrigatoriedade, diferente da exposta na *Crítica da razão prática*. Não se trata de que as disposições subjetivas e sua "eticidade" (*Sittlichkeit*) sejam algo secundário. Mas levá-las em conta não é *requerido* pela definição extensional que é necessário dar da obrigação. Ora, essa definição da obrigação, em um sentido mais fraco do que aquele em que se fundavam

---

48 Kant, *MdS*, *Einleitung*, *AA* VI, p.223; *PMDir*, p.25. "Podemos nos perguntar se há tais ações [indiferentes] e, caso haja, se [...] é requerida ainda, além da lei imperativa e da lei proibitiva, uma lei permissiva. Se esse for o caso [...]".

os escritos nos anos 1780, não deixa de repercutir na própria formulação do "princípio supremo da moralidade", tal como formulado na *Grundlegung* e na *Crítica da razão prática.* Para nos assegurarmos disso, será necessário examinar o que ocorre no caso do imperativo categórico *jurídico*, cuja existência, até agora, foi induzida a partir das declarações de Kant a respeito da simetria da *Metafísica dos costumes.* Mas, antes, façamos um balanço do caminho andado nesta etapa.

De maneira geral, há nos escritos kantianos tardios um poderoso esforço de revalorização da normatividade jurídica, a qual, anteriormente, quando relacionada à moral, era qualificada como "simples legalidade" (*bloße Legalität*). É assim, por exemplo, que, em sua segunda seção, *O conflito das faculdades* insiste em que o progresso genuíno e verificável – o único que, na verdade, é passível de sê-lo – "será uma multiplicação dos produtos da *legalidade* das ações em conformidade com a obrigação, não um *quantum* sempre crescente da *moralidade* disposicional do espírito (*Gesinnung*), independentemente de qual seja o impulso que o provoca".[49] Que haja na história um "progresso moral" (no sentido de progresso *ético*) é algo altamente discutível e, sobretudo, inverificável; o progresso do *direito*, ao contrário, que tende assintoticamente para o estabelecimento de uma constituição republicana, e mesmo de uma "sociedade cosmopolita",[50] é, por um lado, observável (indiretamente) e, por outro, eminentemente desejável. Sem dúvida, temos o direito e o dever de esperar um progresso ético dos homens e de trabalhar para isso; mas o "eudemonismo moral" com as

---

49 Kant, *Der Streit der Fakultäten*, *AA* VII, p.91; *CF*, p.109.

50 Kant, *Der Streit der Fakultäten*, *AA* VII, p.92; *CF*, p.109.

esperanças sanguinárias que suscita "parece insustentável".[51] Os últimos escritos valorizam fortemente, portanto, o direito e tratam de garantir sua autonomia com relação às reivindicações éticas. É legítimo afirmar, portanto, que, considerada evolutivamente, a filosofia prática de Kant tende a conceder uma maior independência ao direito, ao passo que, antes de 1785-1787, a ética ocupava o lugar principal.

Por essa razão, terá lugar entre 1788 e 1797 uma modificação profunda na própria ideia de obrigação (ou, mais exatamente, de obrigatoriedade) cuja consequência será uma reavaliação da obrigação jurídica: esta, embora seja externa e, talvez porque o seja, é uma obrigação no sentido pleno do termo. Seja qual for a maneira em que se a considere, a inclusão de uma "metafísica do direito" na filosofia moral pura implica uma avaliação positiva do *forum externum* e uma afirmação da plena autonomia normativa das prescrições jurídicas com relação à legislação ética. No plano léxico, isso se traduz pela distinção nova entre *Moral* e *Ethik* (ou *Tugendlehre*, doutrina da virtude): a "moral" será doravante o gênero que terá o direito e a ética como suas espécies. É o que indica o quadro (faltoso)

---

51 Kant, *Der Streit der Fakultäten*, *AA* VII, p.82; *CF*, p.98. O adjetivo "sanguinário", substituído por "*débordant*" [excessivo] na tradução francesa citada [*vivas*, na tradução de Artur Morão], mostra bem que, quando evoca a "concepção eudemonista da história", Kant tem em mente, sem dúvida, a Revolução Francesa e seu desdobramento no Terror. Sobre isso, lembremos a palavra de Hegel sobre Robespierre: "pode-se dizer desse homem que ele tomou a virtude a sério". A história contemporânea nos ofereceu exemplos incomparavelmente mais sinistros dos malfeitos do eudemonismo moral: evoque-se os Khmers vermelhos.

que figura ao final da Introdução nas edições clássicas da *Doutrina do direito*:[52] a moral, "como sistema das obrigações em geral", divide-se em uma doutrina das "obrigações jurídicas" e em uma doutrina das "obrigações éticas" (ficando bem entendido que as segundas incluem, em bloco, as primeiras).

A falta de atenção a essas importantes distinções provocou um contrassenso lamentável e recorrente com relação aos dois apêndices do escrito sobre a paz perpétua, que tratam, respectivamente, da "discordância" e da "concordância" da moral e da política. Por certo, no segundo desses apêndices, Kant afirma que os políticos deveriam "ajoelhar-se diante da moral"; mas não se trata, então, da ética (cuja invocação em um discurso virtuoso frequentemente encobre as piores violações do direito por parte dos maquiavélicos primários, se ousarmos a assim denominar os "políticos moralistas", esses "políticos hábeis" fustigados por Kant[53]), mas, antes, a "moral enquanto doutrina do direito", como lembramos acima. E, nessa ocasião, Kant explica claramente que é preciso distinguir dois significados do termo "moral": uma significação ética e uma significação jurídica.[54] É certamente a esta que o "político moral" (que é o

---

52 Kant, *MdS*, *Rechtslehre*, *Einleitung*, *AA* VI, p.242; *PMDir*, p.47. Bernd Ludwig mostrou de modo convincente que o quadro ao qual nos referimos está errado e que, além disso, ele deve ser colocado na introdução geral à *Metafísica dos costumes*, e não na Introdução à *Doutrina do direito*. Veja-se a versão corrigida e trocada de lugar em sua edição da *Rechtlehre* (Kant, *Metaphysische Angangsgründe der Rechtslehre*. Hamburgo: Meiner, 1986, p.34).

53 Kant, *Frieden*, *AA* VIII, p.372 e 373; *PPerpétua*, p.65 e 66.

54 Kant, *Frieden*, *AA* VIII, p.386; *PPerpétua*, p.81.

oposto do "moralista político") deve ou deveria ajustar suas máximas e, sobretudo, suas práticas. De maneira que somente ao direito, e não à ética, cabe prescrever normas válidas e eficazes para os políticos.

O imperativo categórico jurídico

Devemos agora interessarmo-nos pelo que Kant denomina princípio universal do direito, ou ainda, sob forma prescritiva, a "lei universal do direito",[55] a fim de examinar se é exato, conforme à hipótese levantada acima, que ele é a forma especificamente jurídica da única e exclusiva lei fundamental da razão prática pura; ou, para dizê-lo em outras palavras, trata-se de examinar se, efetivamente, esse princípio constitui o imperativo categórico jurídico. Mas, inicialmente, para afastar qualquer ambiguidade: por que Kant, no § B da Introdução à *Doutrina do direito*, fala de um "conceito *moral*" do direito?[56] Isto tem a ver com o deslocamento terminológico operado na Introdução da *Metafísica dos costumes* (e já antes na *Paz perpétua*), como comentamos acima. Se a moral (*die Moral*) é o gênero de que o direito e a ética são as espécies, então as normas jurídicas racionais, tanto quanto as normas éticas, devem ser denominadas, no sentido da segunda *Crítica*, "leis morais". Com efeito, umas e outras, as leis éticas e as leis jurídicas, "só valem como leis na medida em que possam ser discernidas como fundadas *a priori*

---

55 Kant, *MdS*, *Rechtslehre*, *Einleitung*, § C, *AA* VI, p.231; *PMDir*, p.35.

56 Kant, *MdS*, *Rechtslehre*, *Einleitung*, *AA* VI, p.230; *PMDir*, p.34. [Grifo de J.-F. Kervégan. (N. T.)]

e como necessárias".[57] Em outros termos: falar de um conceito *moral* do direito é seguramente afirmar que há uma "metafísica do direito", pertencente de pleno direito à filosofia moral, e a sua parte pura, em particular, à metafísica dos costumes. Esse conceito moral do direito, acrescenta Kant, "se reporta a uma obrigação que lhe é correspondente".[58] De fato, a obrigatoriedade (*Verbindlichkeit*), a saber, "a necessidade de uma ação livre sob um imperativo categórico da razão"[59] é o traço distintivo de todas as normas, a ação prescrita (ou proibida) sendo ela própria definida como uma obrigação (*Verpflichtung*). Mas o que é próprio da obrigação jurídica com relação à obrigação ética, o que é o mesmo que perguntar: qual é o *conceito* de direito? Kant indica três elementos distintivos desse conceito, mas um quarto é pressuposto, ao qual o "princípio do direito" (§ C) dá expressão: o desrespeito a essa regra de compatibilidade dos arbítrios subjetivos *deve* acarretar um ato coercitivo, a pena.

A primeira característica do direito "diz respeito à relação *exterior* e, a bem dizer, prática" das pessoas, "na medida em que suas ações, enquanto *facta*, podem ter influência umas sobre as outras (imediata ou mediatamente)".[60] Que elas se apliquem à "relação externa" das pessoas, não a suas disposições internas, isso constitui a especificidade das normas jurídicas com relação às normas éticas. Mas as normas jurídicas não obrigam somente em "foro externo"; com efeito, elas só têm sentido se cada um reconhecer (ou for levado a reconhecer) seu ato

57 Kant, *MdS*, *Rechtslehre*, *Einleitung*, *AA* VI, p.215; *PMDir*, p.16.
58 Kant, *MdS*, *Rechtslehre*, *Einleitung*, *AA* VI, p.230; *PMDir*, p.34.
59 Kant, *MdS*, *Rechtslehre*, *Einleitung*, *AA* VI, p.222; *PMDir*, p.24.
60 Kant, *MdS*, *Rechtslehre*, *Einleitung*, *AA* VI, p.230; *PMDir*, p.34.

como *seu* ato, ou como feito (*Tat*)[61] seu; ou, em outros termos, se assumirmos (ou se nos fizerem assumir) a responsabilidade daquilo que nele for objetivamente imputável.[62] Portanto, o direito é uma relação entre pessoas por intermédio de suas ações, na medida em que estas lhes forem imputáveis e estabelecerem entre aquelas uma situação "de *ação recíproca* física possível" conducente a "uma relação generalizada de cada um com todos os outros":[63] uma situação em que reina (ao menos a título de norma, senão factualmente) o direito.

O segundo traço distintivo do direito é: ele "não significa a relação do arbítrio ao simples *desejo* (por conseguinte, não à simples carência) de outrem [...], mas unicamente ao *arbítrio* do outro".[64] Passo rapidamente sobre este segundo critério, pois, a bem da verdade, ele visa não traçar a fronteira entre os domínios do direito e da ética, mas marcar a diferença entre as relações propriamente jurídicas e as relações físicas de dependência ou interdependência. Só é jurídica uma situação em que esteja engajado o arbítrio e mesmo o livre-arbítrio (*freie Wilkür*), ou, em outras palavras, o arbítrio potencialmente

61 Kant, *MdS*, *Rechtslehre*, *Einleitung*, *AA* VI, p.223; *PMDir*, p.26. "Ato (*Tat*) denomina-se uma ação (*Handlung*) enquanto se encontra sobre leis de obrigação, por conseguinte também enquanto o sujeito é considerado, nesse ato, segundo a liberdade do seu arbítrio."

62 Kant, *MdS*, *Rechtslehre*, *Einleitung*, *AA* VI, p.227; *PMDir*, p.30. "Imputação (*imputatio*) em sentido moral é o juízo pelo qual alguém é considerado autor (*causa libera*) de uma ação que, então, se chama ato (*factum*) e se encontra sob leis [...]." W. Kersting sublinha que o conceito de *factum* equivale aproximadamente ao de ação livre (Kersting, *Wohlgeordnete Freiheit*, p.18).

63 Kant, *MdS*, *Rechtslehre*, § 62, p.352, *AA* VI, p.230; *PMDir*, p.173.

64 Kant, *MdS*, *Rechtslehre*, *Einleitung*, *AA* VI, p.230; *PMDir*, p.34.

racional[65] das pessoas, cuja marca imprime-se nas ações que lhes são imputáveis.

A terceira característica da relação de direito (e o direito sempre diz respeito a uma relação, ele é *ad alterum*, como diz Tomás de Aquino[66]) é que a relação de arbítrio a arbítrio por intermédio de ações imputáveis só pertence ao direito por concernir não à "matéria", mas à "forma" do arbítrio, ou, antes, da ação imputada. A distinção entre a matéria e a forma tem aqui o significado seguinte: contrariamente à ética, que trata dos fins "que são também obrigações", e que, por conseguinte, implica a tomada de consideração da "matéria" da ação projetada, ainda que sob o ângulo do que nela é universalizável (isto é, do "fim que todo indivíduo tem em vista com relação ao objeto de seu querer"), o direito não considera as "intenções" ou os "fins" subjetivos que as pessoas perseguem, mas somente (e tenho consciência do ar tautológico da expressão) sua *forma jurídica*:

> A doutrina do direito tinha meramente que ver com a condição *formal* da liberdade externa (que consiste na concordância da liberdade consigo mesma quando sua máxima é erigida em lei universal), quer dizer, com o *direito*. Ao contrário, a ética vai além disso e fornece uma *matéria* (um objeto do livre-arbítrio), um fim

65 Sobre as noções de *Willkür* (= a "faculdade de desejar segundo conceitos") e de *freie Willkür* (= o arbítrio que "pode ser determinado pela razão pura", ou que "pode ser determinado às ações a partir da vontade pura"), ver Kant, *MdS*, *Einleitung*, *AA* VI, p.213; *PMDir*, p.14. Esta passagem capital foi comentada de maneira detalhada no primeiro capítulo.

66 Tomás de Aquino, *Suma Teológica*, II, 2, questão 57, art.1, resp.

> da razão pura que é representado ao mesmo tempo como um fim objetivamente necessário, isto é, como um dever para o homem.[67]

O direito estatui, portanto, sobre a compatibilidade formal das ações de cada pessoa considerada como livre com a liberdade de outrem e sobre a conformidade de conjunto das normas que visam proteger essa liberdade.

A *definição* do direito dada ao final do § B da Introdução à *Rechtslehre* resulta dos dois primeiros critérios e, implicitamente, do terceiro, uma vez que o acordo dos arbítrios só pode ser obtido fazendo-se abstração dos objetivos materiais de cada um. Lembremos a definição seguinte:

> O direito é, portanto, o conjunto das condições sob as quais o arbítrio de um pode ser conciliado com o arbítrio do outro segundo uma lei universal da liberdade.[68]

Levando-se em conta as indicações precedentes, poder-se-ia desdobrar essa definição sucinta da maneira seguinte: pertence ao direito em uma ação tudo o que, sem consideração de seu conteúdo empírico e de seus fins imediatos ou mediatos, concerne à compatibilidade da liberdade do arbítrio da pessoa a quem a ação deve ser imputada com a liberdade do arbítrio da ou das pessoas implicadas ou concernidas por tal ação.

O princípio universal do direito (§ C da Introdução da *Doutrina do direito*) não se destina a definir extensionalmente a

67 Ver Kant, *MdS*, *Tugendlehre*, *AA* VI, p.380; *MC*, p.284.

68 Kant, *MdS*, *Rechtslehre*, *Einleitung*, *AA* VI, p.230; *PMDir*, p.34.

esfera das ações abarcadas pelo direito; ele indica a forma específica de que se reveste a normatividade jurídica ao aplicar-se às ações. Segundo minha hipótese, esse princípio não é senão a versão jurídica do imperativo único, que é a forma prescritiva da lei "moral" universal e que, por conseguinte, vale tanto para a normatividade jurídica quanto para a normatividade ética. Esse imperativo categórico jurídico, como convém nomeá-lo, é formulado assim:

> Uma ação é *conforme ao direito* quando permite ou quando sua máxima permite fazer coexistir a liberdade do arbítrio de cada um com a liberdade de qualquer um segundo uma lei universal.[69]

À primeira vista, esse enunciado não é normativo, pois parece limitar-se a descrever as características da ação conforme ao direito e, nesse sentido, ele parece repetir a definição formulada nas linhas imediatamente precedentes. Mas Kant quase imediatamente acrescenta que esse princípio é "o princípio de todas as máximas",[70] muito embora, do ponto de vista do direito, não se possa exigir de mim que eu o eleja como minha máxima (se eu adotar como regra subjetiva ajustar-me ao direito, esta é uma decisão ética: ela faz de um "fim" um "dever", ou uma obrigação). O "princípio universal" é o critério de avaliação *jurídica* das máximas (ou das regras subjetivas) de ação: ele tem,

69 Kant, *MdS*, *Rechtslehre*, *Einleitung*, *AA* VI, p.230; *PMDir*, p.35. Tomando o risco de "subtraduzir", prefiro "conforme ao direito" para verter o adjetivo *recht* do que "sobretraduzir" optando por "justo" (termo que corresponde antes a *gerecht*, cognato de "justiça", *Gerechtigkeit*).

70 Kant, *MdS*, *Rechtslehre*, *Einleitung*, *AA* VI, p.231; *PMDir*, p.35.

portanto, um caráter normativo que transcreve expressamente a "lei universal do direito", que não é senão a forma imperativa do "princípio universal":

> Age externamente de tal maneira que o livre uso de teu arbítrio possa coexistir com a liberdade de qualquer um segundo uma lei universal.[71]

É importante sublinhar que esse imperativo é verdadeiramente um imperativo *categórico*, não um imperativo hipotético. É verdade que Kant não emprega essa expressão tal qual na Introdução à *Doutrina do direito*. Mas, já observei, Kant por duas vezes indica na sequência do texto que "a lei penal é um imperativo categórico"[72] e não há razão alguma para que somente a lei penal, e não a lei jurídica em geral, tenha esse caráter. Além disso, lê-se o que segue em uma versão preliminar do que virá a ser o § 2 da *Doutrina do direito*:

> O postulado da razão prática no que respeita ao uso externo do arbítrio é um imperativo categórico da vontade, que é sintético com relação à liberdade do arbítrio. [...] O conceito do direito é um conceito da razão, mas da razão prática, um conceito que determina o livre-arbítrio [...] no que diz respeito ao meu e ao teu e funda o conceito da posse intelectual, isto é, do meu e do teu jurídicos.[73]

---

71 Kant, *MdS*, *Rechtslehre*, *Einleitung*, *AA* VI, p.231; *PMDir*, p.35.

72 Kant, *MdS*, *Rechtslehre*, *AA* VI, p 331 e 336; *PMDir*, p.150 e 156.

73 Kant, *Nachlass*, *AA* XXIII, p.262-3. A propósito desse postulado, e do "meu e do teu em geral" enquanto pedra angular da *Doutrina do*

O imperativo jurídico (o princípio da obrigação jurídica) é categórico porque se impõe a todos e em todas as circunstâncias, porque não implica consideração alguma da "matéria" (dos fins da ação) *e* porque deixa entre parênteses as máximas (as *razões*) do autor da ação. Por isso, como sublinhado anteriormente, a norma jurídica, embora externa, não é de modo algum sem valor, ou de menor "força" em relação à norma ética. Ela só poderia ser considerada inferior na medida em que sua extensão é menor do que a da legislação ética. Com efeito, como já dito, todas as obrigações jurídicas, enquanto obrigações, pertencem *ipso facto* à ética (quando esta for compreendida, como o é no caso de Kant, em termos deontológicos); evidentemente, a recíproca não é verdadeira. Mas, do ponto de vista da compreensão do conceito, obrigações jurídicas e éticas são estritamente de mesmo valor. Se não fossem, não existiria um único imperativo categórico, mas uma escala de imperativos mais ou menos "fortes"; ora, não há graus de categoricidade. Aliás, se não houvesse *imperativo* categórico jurídico, tampouco haveria *obrigação* jurídica. Com efeito, como vimos, "a *obrigatoriedade* é a necessidade de uma ação livre sob um imperativo categórico da razão".[74]

Portanto, temos o direito de afirmar que, se há uma efetividade do "princípio U", pois é assim que Habermas e Apel rebatizam a lei prática fundamental kantiana, ela é uma estrutura normativa comum aos dois domínios paralelos da legislação moral (no sentido amplo da filosofia prática [= normativa]

direito, ver Pippin, "Le Mien et le Tien. L'État kantien", em *Raison pratique et normativité chez Kant*.

74 Kant, *MdS*, *Rechtslehre*, *Einleitung*, *AA* VI, p.222; *PMDir*, p.24.

pura); por conseguinte, há um imperativo categórico jurídico assim como há um imperativo categórico ético, esses dois imperativos, assemelhados quanto à sua estrutura, ou até mesmo idênticos, possuindo estritamente o mesmo peso. Minha hipótese é que esse imperativo categórico jurídico é nomeado por Kant como "princípio universal do direito". Esse imperativo, também qualificado de "princípio de todas as máximas", não deixa de ser uma variedade de imperativo categórico, se é verdade que este nada mais é do que uma regra "formal" (isto é, que se aplica possivelmente a toda proposição normativa) de universalização. Se não fosse esse o caso, se não houvesse imperativo *categórico* jurídico, simplesmente não poderia haver *metafísica* do direito, ou, em outras palavras, uma doutrina *a priori* dos princípios jurídicos, mas somente regras de direito empíricas, que seriam puramente factuais ("positivas") e não normativamente obrigatórias. Ora, Kant afirma, de maneira formal, que tal metafísica existe: o título da primeira parte da *Metafísica dos costumes* não é *Primeiros princípios metafísicos da doutrina do direito*? Contudo, isso não quer dizer que não haja uma diferença entre a versão jurídica e a versão ética da lei "moral". É essa diferença que agora é preciso tentar precisar.

A ordem jurídica racional e a *lex permissiva*

Uma primeira diferença entre a legislação jurídica e a legislação ética é exposta na Introdução dos *Primeiros princípios da doutrina da virtude*; ela diz respeito, como já indicamos acima, ao tipo de engajamento da subjetividade do agente em relação à lei (moral) à qual este é chamado a obedecer. Kant escreve:

> O conceito de obrigação [*Pflichtbegriff*] está diretamente relacionado com a *lei* (mesmo se abstraio de todo fim como matéria daquela), como já indica o princípio formal da obrigação no imperativo categórico: "Age de tal maneira que a máxima de tua ação possa se tornar uma lei universal"; todavia, na ética, essa lei é pensada como a lei de tua própria vontade e não como a da vontade em geral, que poderia também ser a vontade de outrem, caso em que se teria uma obrigação jurídica, não pertencente ao domínio da ética.[75]

Assim, a obrigação jurídica é a que se dirige à vontade em geral, ao passo que a obrigação ética se dirige à vontade singular do agente; o que redunda em dizer, segundo o título da sexta seção da Introdução à *Sittenlehre*, de onde foi tirado o parágrafo citado acima, que "a ética não dá lei para as ações [...], mas somente para as máximas das ações".[76] Repare-se, mais uma vez, que essas afirmações confirmam o que foi adiantado acima: a lei jurídica (racional), assim como a lei ética, é plenamente um imperativo categórico. Simplesmente, ela não supõe o *engajamento* da subjetividade com a lei que, ao contrário, a segunda requer. Agir de acordo com a ética é agir "por dever"; agir segundo o direito é agir "conforme ao dever". Reencontramos assim a distinção da *Fundamentação*, com a diferença de que doravante agir conforme ao dever, conformando-se à *legalidade*, não é *menos* moral do que agir, ao modo da ética, por dever, mas é agir segundo uma outra forma de moralidade (esta en-

75 Kant, *MdS*, *Tugendlehre*, *AA* VI, p.388-9; *MC*, p.297.
76 Kant, *MdS*, *Tugendlehre*, *AA* VI, p.388; *MC*, p.297.

tendida no sentido amplo da doutrina das obrigações práticas em geral).

A atenção ao "engajamento" do sujeito perante a norma não é ainda suficiente, todavia, para discernir o que a obrigação jurídica tem de absolutamente próprio; a fim de fazê-lo, convém aproveitar algumas anotações, a bem dizer imprecisas, hesitantes mesmo, relativas ao que Kant denomina de lei permissiva, uma noção que, aparentemente, ele toma de empréstimo a Baumgarten[77] e que ele declara que "se oferece a toda razão que proceda por divisão sistemática".[78] Seguindo essas indicações, poder-se-ia considerar que a regra do direito implica a combinação de uma lei proibitiva e de uma lei permissiva, ao passo que a regra ética seria antes uma simples lei prescritiva ou proibitiva. O modelo da regra do direito seria, portanto: "a ação *a* é proibida; todavia, as ações *b*, *c*, *d*... são autorizadas", ou, simplesmente, "tudo que não é proibido é autorizado", proposição que não seria válida, ou que, pelo menos, não teria alcance normativo no caso de uma ética deontológica como a de Kant. Ter-se-ia, assim, um critério de demarcação simples entre o domínio da ética e o do direito. Esse critério que combina lei proibitiva e lei permissiva é tanto mais proveitoso à medida que nos permite dar conta de uma grande diferença entre o direito e a ética que Kant, sem tematizá-la explicitamente, registra implicitamente: enquanto a ética deontológica só contém *obrigações*, o direito (objetivo) define também *direitos*

77 Ver as notas tomadas por Kant nos *Initia philosophiae practiceprimae*, nas quais Baumgarten faz essa distinção entre *lex praeceptiva*, proibitiva e permissiva: *AA* XIX, p.34.

78 Kant, *Frieden*, *AA* VIII, p.347; *PPerpétua*, p.42.

(subjetivos), isto é, "poderes morais de obrigar a outrem" e, talvez, até mesmo direitos naturais (*natürliche Rechte*).[79] A distinção feita nesse passo entre *Naturrecht* e *natürliche Rechte*, entre o direito da natureza e os direitos naturais, mostra que Kant, consciente do sentido duplo contido no vocábulo alemão *das Recht* (como, de resto, na palavra francesa *droit*), antecipa a distinção que os juristas logo farão entre "direito objetivo" e "direito subjetivo", isto é, entre *law* e *right*.

No entanto, o problema é que Kant parece criticar explicitamente essa utilização da noção de lei permissiva na Introdução à *Metafísica dos costumes*, quando interroga sobre a pertinência do conceito de lei permissiva na moral, sem, contudo, sugerir que ela seja abandonada:

> Pode[-se] perguntar se há ações [moralmente indiferentes] dessa espécie e, em caso afirmativo, se, a fim de que alguém fique livre para fazer ou deixar de fazer algo a seu bel-prazer, é requerida, além da lei preceptiva (*lex praeceptiva, lex mandati*) e da lei proibitiva (*lex prohibitiva, lex vetiti*), ainda uma lei permissiva (*lex permissiva*). Se for assim, a autorização nem sempre diz respeito a uma ação indiferente (*adiaphoron*), pois para uma tal ação, se considerada de acordo com as leis morais, não seria requerida nenhuma lei particular.[80]

Todavia, vê-se bem que o que Kant contesta não é propriamente a ideia de *lex permissiva*, mas, antes, a crença de que esta ofereceria um modelo que permitiria a representação de *adiapho-*

79 Kant, *MdS*, *Rechtslehre*, *Einleitung*, *AA* VI, p.237; *PMDir*, p.42.
80 Kant, *MdS*, *Rechtslehre*, *Einleitung*, *AA* VI, p.223; *PMDir*, p.25-6.

ra éticas, de ações moralmente indiferentes. Em tal caso "não seria requerida nenhuma lei particular" para autorizá-las: seria suficiente constatar que elas não seriam proibidas. Mas a passagem deixa aberta a possibilidade de que a noção de lei permissiva possa ter uma outra aplicação. Ela tem, com efeito, um teor muito particular, como bem indica esta fórmula tomada de empréstimo a um rascunho da Introdução à *Doutrina da virtude*: "a *lex permissiva* é a lei consoante a qual algo que é permitido segundo as leis da natureza é proibido segundo as leis civis".[81]

Esse teor particular – anormal, por assim dizer, ou derrogatório – dessa lei lhe permite cumprir um papel em um lugar decisivo da *Doutrina do direito*, aquele em que é tratada a passagem da aquisição "provisória" para a aquisição "peremptória" do possuído (que, assim, torna-se propriedade de pleno direito) graças à instituição de uma sociedade civil.[82] A noção de lei permissiva intervém, portanto, em um contexto altamente simbólico: o da passagem do "estado de natureza" (no qual toda posse é precária, pois não existe uma regra reconhecida do meu e do teu) ao "estado jurídico", ou, em outras palavras, quando se trata da transição de um "estado de direito privado" para um "estado de direito público" garantido pelas instituições de um Estado, notadamente graças à aplicação de uma justiça distributiva e corretiva.[83] Em resumo, trata-se de estabelecer o porquê do conceito de lei permissiva ser requerido pela versão

81 Kant, *Nachlass*, *AA* XXIII, p.385.

82 Kant, *MdS*, *Rechtslehre*, *AA* VI, § 8-9, p.255-7; *PMDir*, p.62-5 e § 15-6, p.264-7; *PMDir*, p.72-6.

83 Kant, *MdS*, *Rechtslehre*, *AA* VI, § 41-2, p.305-8; *PMDir*, p.119-22.

kantiana do princípio hobbesiano *Exeundum est e statu naturali*, esta "norma última".[84]

No § 2 da *Doutrina do direito*, o "postulado jurídico da razão prática" introduz e justifica, nos termos seguintes, o direito de apropriação exclusiva em vez da posse originária comum:

> É possível ter como meu qualquer objeto externo, o que equivale dizer que uma máxima de acordo com a qual, caso se tornasse lei, um objeto do arbítrio teria de se tornar *em si* (objetivamente) *jacente* (*res nullius*), é contrária ao direito.[85]

Ao afirmar que me é permitido apropriar-me de qualquer coisa, isto é, ao consagrar o *jus in omnia* de Hobbes, o postulado lança luz sobre a condição negativa de toda ordem consistente do direito privado: a de que *não* deve haver *res nullius*, coisa sem senhor (*herrenlos*); ou ainda: tudo deve ser apropriável. Ora, esse postulado, que aparece como a *condição de efetividade* do direito e da lei universal do direito enunciados no § C da Introdução, é verdadeiramente uma lei permissiva: uma lei por ser universalmente aplicável; uma lei permissiva porque não diz quem possuirá o quê, mas simplesmente que toda coisa deve ter um dono. Kant escreve:

> Pode-se chamar esse postulado de uma lei permissiva da razão prática, que nos confere a autorização que não podemos tirar dos simples conceitos do direito em geral; a autorização de impor a

84 Kant, *Nachlass*, *AA* XIX, p.600.
85 Kant, *MdS*, *Rechtslehre*, *AA* VI, § 2, p.246; *PMDir*, p.52.

> todos os demais uma obrigação que de outro modo eles não teriam: a de abster-se de usar certos objetos de nosso arbítrio porque nós fomos os primeiros a nos apossarmos deles. A razão quer que isso tenha um valor de princípio, e isso, enquanto razão *prática* que se amplia *a priori* em favor deste seu postulado.[86]

Esse postulado não é um dado factual: ele enuncia a condição contrafactual que permite pensar a existência de uma ordem jurídica e, em particular, um direito privado saturado, sem "lacunas", como diriam os juristas do século XIX.

A *Doutrina do direito* recorre uma segunda vez ao conceito de *lex permissiva* e o faz no momento da dedução do conceito de propriedade, mais precisamente para explicar a ideia de aquisição originária e a necessidade de uma ratificação global da partilha contingente do meu e do teu quando da instituição de um estado de direito, o qual tem por condição a instauração de uma sociedade política e de um Estado que administre o direito. Eis o que escreve Kant:

> Uma tal aquisição ["originária" e "provisória"] certamente necessita e tem a seu favor a *permissão* da lei (*lex permissiva*) no que respeita a determinação dos limites da posse juridicamente possível, porque precede o estado jurídico e, ao apenas introduzi-lo, não é ainda peremptória; essa permissão, contudo, não se estende além da concordância *dos outros* (participantes) em instituir tal estado. Mas, caso estes resistam a nele entrar (no estado civil) e enquanto persistir essa resistência, a aquisição tem todos os efei-

86 Kant, *MdS*, *Rechtslehre*, *AA* VI, § 2, p.247; *PMDir*, p.53.

> tos do que é legal, porque essa saída [sair do estado de natureza] é fundada em uma obrigação.[87]

Este texto permite compreender a função singular e (penso eu) necessária que possui a lei permissiva de incarnar o consentimento de cada um à repartição originária e, contudo, contingente, do meu e do teu na instituição normativa do direito (privado) – um direito que, de outra parte, é constituído por proibições e prescrições correlativas (as permissões jurídicas não "carecendo de nenhuma lei particular") –, consentimento esse que é necessário pressupor se se quiser que exista uma ordem jurídica consistente e estável.

De certa maneira, toda a construção kantiana do direito privado, notadamente a combinação singular operada por ela sob o selo da universalidade normativa da lei prescritiva-proibitiva e da lei permissiva ("a razão quer que isso tenha valor de princípio, e isso, enquanto razão prática"), é, portanto, uma interpretação sistemática da famosa sentença de Rousseau: "O primeiro que, tendo cercado um terreno, teve a audácia de dizer *isso é meu* e encontrou pessoas simples o bastante para crê-lo, foi o verdadeiro fundador da sociedade civil".[88] A "lei permissiva" enuncia a mentira piedosa sem a qual a ordem jurídica seria eternamente precária: o que foi adquirido foi bem adquirido. A versão kantiana da sentença de Rousseau é lapidar: *Beati possidentes*, felizes os proprietários![89] Em surdina,

---

87 Kant, *MdS*, *Rechtslehre*, *AA* VI, § 16, p.267; *PMDir*, p.76.

88 Rousseau, *Discours sur l'origine et les fondements de l'inégalité parmi les hommes*, p.164.

89 Kant, *MdS*, *Rechtslehre*, *AA* VI, § 6, p.251; *PMDir*, p.58.

no entanto, faz-se ouvir a recíproca da proposição: Desgraça a quem nada tem! Onde se vê que Kant tem muita razão ao cuidadosamente distinguir o direito e a ética... O que ele não fez, segundo penso, quando "inventa" o direito cosmopolita.

O direito cosmopolita como direito

Examinemos o estatuto do direito cosmopolita na arquitetura da filosofia prática, com vistas a estabelecer que ele não pertence ao direito *stricto senso* e, portanto, não constitui, como às vezes se é tentado a crer, uma "passarela" entre o direito e a ética. O motivo cosmopolita surgiu para Kant nos escritos dos anos 1780, notadamente no próprio título de *A ideia de uma história universal do ponto de vista cosmopolita*. A seguir, nos escritos dos anos 1790, ele é mantido, conectado complexamente com a questão da paz perpétua. Aliás, Kant parece hesitar até o fim entre duas concepções da *cosmopolis*, que eu qualificaria como sendo, respectivamente, inflacionista e deflacionista. De acordo com a primeira, o fim moral que a humanidade deve prescrever a si própria é a instauração de um Estado dos povos (*Völkerstaat*), de uma república mundial (*Weltrepublik*), e até mesmo de um "Estado universal dos homens" (*allgemeiner Menschenstaat*), que constituem o único instrumento pensável em vista da absolutamente desejável proscrição da guerra.[90] De acordo com a segunda, o direito cosmopolita "deve restringir-se às condições de uma hospitalidade universal", razão

90 Ver os seguintes textos de Kant, *Gemeinspruch*, *AA* VIII, p.312-3; *Teoria e Prática*, p.100-2; rascunho de *Zum ewigen Frieden*, *AA* XXIII, p.169.

pela qual com relação a ele "não se trata de filantropia, mas de direito".[91] Porém, na verdade, não se trata de uma hesitação, mas antes de uma tensão insolúvel em termos fáticos, entre uma perspectiva normativa e as formas concretas que permitem avançar em sua realização sem nunca consegui-lo plenamente. Convém sublinhar, entretanto, que essas duas concepções, maximalista e minimalista (um mínimo que vai muito além do estado atual do mundo...), são uma e outra de caráter estritamente *jurídico*:

> Esta ideia racional de uma comunidade *pacífica* universal de todos os povos sobre a terra que podem estabelecer uma relação efetiva entre si, mesmo que ainda não amistosa, não é algo filantrópico, mas é um princípio *jurídico*.[92]

O direito cosmopolita, qualquer que seja sua acepção, é antes de tudo *direito*; enquanto tal, ele não prescreve um fim obrigatório (ético), mas se limita a definir as condições externas que autorizam algumas relações formalizadas entre os indivíduos ou entre os povos.

A interpretação do motivo cosmopolita é desenvolvida, sobretudo, nos escritos pertencentes não à metafísica dos costumes, na medida em que esta constitui a parte pura (e propriamente normativa) da filosofia prática, mas antes à antropologia moral, que se preocupa com a aplicação desses princípios à *natureza* humana enquanto objeto da experiência.[93]

---

91 Ver Kant, *Frieden*, *AA* VIII, p.349, nota; *PPerpétua*, p.43.

92 Kant, *MdS*, *Rechtslehre*, *AA* VI, § 62, p.352; *PMDir*, p.173.

93 Ver Kant, *MdS*, *Einleitung*, *AA* VI, p.216-7; *PMDir*, p.17-8.

O capítulo seguinte retornará ao estatuto das considerações de Kant sobre a história. Mas, em qualquer caso, a precisão que acaba de ser feita relativiza o alcance das considerações propostas nesse texto a respeito da perspectiva de instauração de um "*estado (Zustand) cosmopolita universal*" que venha a assumir a forma de um "grande corpo político futuro do qual o mundo passado não poderá dar nenhum exemplo".[94] Elas pertencem ao que Kant, posteriormente, designará "história conjetural" ou "história profética do gênero humano",[95] um empreendimento que busca na *experiência* os elementos que permitem, graças ao exercício do juízo *reflexionante*, conceber a ideia (teleológica) do termo de um processo inacabado e que, portanto, não pertence ao exercício normativo da razão prática, o qual sempre assume a forma de juízos *determinantes*. Ademais, o conteúdo da filosofia prática *pura*, como podemos constatar na leitura da *Metafísica dos costumes*, não é de modo nenhum modificado pela introdução da temática do juízo reflexionante feita na Introdução da terceira *Crítica* (seja o do juízo de gosto, seja o da finalidade), embora, por outras razões, esse conteúdo tenha sofrido transformações importantes, que foram analisadas nos dois primeiros capítulos deste livro. E isso é normal: com efeito, é somente com relação à *natureza* que pode se colocar o problema de uma eventual "legalidade do contingente". Já as obrigações práticas possuem na autonomia racional a única origem de sua obrigatoriedade: elas ilustram o poder que tem a razão de submeter o arbítrio (*Willkür*) às leis de uma vontade racional que "na

94 Kant, *Idee*, *Satz* 8, *AA* VIII, p.38; *IdeiaHU*, p.21.

95 Ver, respectivamente, *Mutmaßlicher Anfang*, *AA* VIII, p.109; *Começo Conjectural*, p.13-4 e *Der Streit der Fakultäten*, *AA* VII, p.84; *CF*, p.100.

medida em que pode determinar o arbítrio, é a própria razão prática".[96] Por conseguinte, o motivo cosmopolita, tal como interveniente em *A ideia de uma história universal*, em *Teoria e prática* ou em *O conflito das faculdades*, não possui, verdadeiramente, alcance normativo: ele não define um *Sollen*, mas tão somente uma perspectiva contrafactual que oferece uma grade sensata de interpretação de fenômenos que permanecem "naturais", ainda que se vinculem à natureza *humana*. Kant *aqui* (na *Ideia de uma história universal*) não diz que nós *devemos* trabalhar para realizar "uma situação cosmopolita universal", mas sim que temos boas razões de *fazer como se "a natureza"* trabalhasse secretamente para isso e, por assim dizer, a despeito de nós. Que nós *também* o devamos é o que somente a razão normativa pode "*despoticamente*" estabelecer.

Em outras passagens, ao contrário, Kant desenvolve uma interpretação que denominei de deflacionista do motivo cosmopolita. Ao que me parece, é o que ocorre no escrito sobre a paz perpétua e na *Doutrina do direito*, e ainda em *Teoria e prática*. É, com efeito, nesse escrito de 1793 que aparece um argumento que ulteriormente vai reaparecer e sempre em apoio a uma interpretação fraca do cosmopolitismo: se é verdade que o estabelecimento de "uma constituição cosmopolita", ou de um *Völkerstaat* comportaria o risco do "mais terrível despotismo",[97] então devemos trabalhar não tanto para a instituição de uma "*república mundial*",[98] mas antes para o estabelecimento de relações de direito tanto entre os Estados (com um direito internacional

96 Kant, *MdS*, *Einleitung*, *AA* VI, p.213; *PMDir*, p.14.
97 Kant, *Gemeinspruch*, *AA* VIII, p.311; *Teoria e Prática*, p.99.
98 Ver Kant, *Frieden*, *AA* VIII, p.357, nota; *PPerpétua*, p.51.

que vise a construir uma Federação de Estados que administrem pacificamente o direito), quanto entre os indivíduos e os Estados (um direito cosmopolita que assegure uma "hospitalidade universal" para os indivíduos tentados a ou obrigados a se expatriar).[99] Compreendido nesses termos, o direito cosmopolita prescreve somente (mas é muito!) as condições nas quais os indivíduos, concebidos como "cidadãos da terra" (*Erdbürger*),[100] e não como cidadãos de um Estado em particular, podem desenvolver suas atividades fora do Estado de que forem nacionais, podendo "entrar em uma relação contínua de cada um com todos os outros que consiste em se oferecerem ao comércio recíproco".[101] Não se trata, precisa *A paz perpétua*, de um "*direito de hospitalidade*, ao qual [o indivíduo] poderia pretender", pois "é possível recusar receber", mas de um "direito de visita", que permite a cada homem "tentar estabelecer comércio com os indígenas".[102] É certo que o comércio (*Verkehr, commercium*), entendido como "ação recíproca física",[103] não se limita às atividades "comerciais", às trocas econômicas; mas é um fato que os diversos exemplos evocados por Kant remetem a esse registro. Eis a razão pela qual é admissível a formulação da hipótese de que o direito cosmopolita, compreendido em sua significação restrita, ocupa em Kant um lugar correspon-

99 Kant, *Frieden*, *AA* VIII, p.357-8, nota; *PPerpétua*, p.51-2.

100 Kant, *MdS*, *Rechtslehre*, *AA* VI, § 62, p.353; *PMDir*, p.174. [Joãosinho Beckenkamp traduz *Erdbürger* substantivando o adjetivo "cosmopolita". (N. T.)]

101 Kant, *MdS*, *Rechtslehre*, *AA* VI, § 62, p.352; *PMDir*, p.173

102 Kant, *Frieden*, *AA* VIII, p.358; *PPerpétua*, p.51-2.

103 Kant, *MdS*, *Rechtslehre*, *AA* VI, § 62, p.352; *PMDir*, p.173.

dente ao do que hoje denomina-se como o *direito internacional privado*. Este tem por objeto enquadrar normativamente as práticas econômicas e comerciais dos indivíduos (e, por extensão, dos grupos sociais) fora do território nacional, de modo a, por um lado, acompanhar a "*mundialização*" das trocas e, por outro, prevenir os excessos, notadamente a selvageria da colonização, a respeito da qual o juízo de Kant é muito severo: ele fustiga, por exemplo, "a conduta *inospitaleira* dos Estados civilizados, em particular dos Estados comerciantes de nosso continente".[104] Entendido assim, e malgrado as limitações históricas da afirmação (Kant considera exclusivamente a colonização do mundo pela Europa, mas evidentemente não imagina o fenômeno mais tardio da emigração massiva de cidadãos do Terceiro Mundo em direção aos países economicamente desenvolvidos), o direito cosmopolita pode ser compreendido como uma maneira audaciosa de enfrentar no âmbito jurídico o problema da constituição de uma sociedade civil mundial (a verdadeira *cosmopolis*), o qual pertence *de facto* a uma outra economia normativa, não a do direito *estatal*, interno ou externo.

É verdade, e eu o indiquei acima, que Kant realmente não faz sua escolha entre as duas interpretações da questão do direito cosmopolita, a forte e a fraca. Ele escreve, por exemplo, ao final do segundo artigo definitivo em vista da paz perpétua, que a ideia de uma Federação de Estados, ou de uma Sociedade das Nações (*Völkerbund*) que administrasse o direito e arbitrasse pacificamente os contenciosos entre seus membros não seria mais que o sub-rogado (*Surrogat*) daquela república mundial

---

104 Kant, *Frieden*, *AA* VIII, p.358; *PPerpétua*, p.52.

(*Weltrepublik*) ou do Estado dos povos (*Völkerstaat*).[105] Parece, portanto, que sobre o direito "internacional" (do qual Kant, aliás, faz observar justamente que seria melhor denominá-lo "interestatal"[106]), e a despeito da crítica decisiva que ele próprio dirige à ideia de Estado mundial, a de que ele poderia abrir caminho para um despotismo sem limites, Kant não renuncia à ideia de unificação política do gênero humano, ao menos a título de uma perspectiva ideal. Mas na falta da altamente improvável realização desta última, a existência (pelo menos teórica) de um direito *metaestatal* como o direito cosmopolita é o indício de que "a ideia de uma associação jurídica dos homens sob leis públicas em geral"[107] excede em extensão a de um direito estritamente estatal ou interestatal. Kant, e esse não é o menor dos interesses que ele desperta nos tempos atuais, apercebeu-se que um pensamento rigoroso do direito sem dúvida implica um esbordamento do quadro "estatocêntrico" da filosofia do direito moderna. Operado tanto na base (em seu conceito, o direito *privado* deve ser pensado independentemente de sua condição de *efetividade*, não de sua possibilidade, o que a ordem do direito estatal é para ele), quanto no alto (o direito *cosmopolita* "mínimo" define o quadro conceitual de um direito privado por vir), tal esbordamento é a condição de pensabilidade de um "direito público dos homens em geral"[108] – um direito que absolutamente não se restringe aos direitos do homem, ao mesmo tempo que torna concebível sua exigibilidade.

105 Kant, *Frieden*, *AA* VIII, p.357; *PPerpétua*, p.51.
106 Kant, *MdS*, *Rechtslehre*, *AA* VI, § 53, p.343; *PMDir*, p.163.
107 Kant, *MdS*, *Rechtslehre*, Beschluss, *AA* VI, p.355; *PMDir*, p.176.
108 Kant, *Frieden*, *AA* VIII, p.360; *PPerpétua*, p.54.

Para concluir: um argumento kantiano em favor de uma concepção positivista do direito

A grande firmeza com que, em seus escritos tardios, Kant distingue normatividade jurídica e normatividade ética no âmbito da esfera moral (cuja unidade vincula-se à da própria razão prática em seus usos diversos) permite que, sob certos aspectos, se faça dele um precursor (paradoxal) do positivismo jurídico. Um precursor paradoxal, uma vez que, evidentemente, Kant considera a si próprio antes como um renovador do que como o coveiro do direito natural moderno. É muito evidente que seu empreendimento visa em primeiro lugar conferir ao direito "natural" (que, aliás, como Hegel insistirá, seria melhor denominar direito *racional*, para evitar o que há de ambíguo na remissão à natureza lá onde se trata da autodeterminação racional da liberdade[109]) a base teórica que, no caso de seus predecessores, lhe faltava: a concepção da razão prática como poder "autônomo" (o que quer dizer também: independente da "normalidade" social e política) de prescrição de normas de ação cuja validade é independente de todo contexto empírico e atestável universalmente (sob a garantia do "fato da razão"). De modo clássico, ele escreve por exemplo:

> Os direitos enquanto doutrinas sistemáticas se dividem em *direito de natureza*, que assenta unicamente sobre princípios *a priori*, e *direito positivo* (*estatutário*), que procede da vontade de um legislador.[110]

109 Ver Hegel, *Leçons sur le droit naturel et la science de l'État*, § 2, p.48-9.

110 Kant, *MdS*, *Einleitung*, *AA* VI, p.237; *PMDir*, p.42. Veja-se igualmente Kant, *MdS*, *Rechtslehre*, *AA* VI, § 36, p.296; *PMDir*, p.109: "por direito

É bem claro que, para Kant, assim como para toda a tradição jusnaturalista, o direito positivo ou "estatutário" só tem validade na medida em que pode fundar-se sobre princípios *a priori*, os quais constituem precisamente o conteúdo do "direito de natureza" do direito racional. Assim, tal como Fichte ou Hegel, Kant evidentemente não é positivista no sentido comum do termo, posto que ele nega a autonomia conceitual do direito positivo com relação ao direito racional. Se tivesse tido conhecimento, ele teria partilhado o ponto de vista de Fichte ao declarar "o direito contratado e escrito jamais é direito se não for fundado na razão. Todo direito é puro direito de razão".[111] Aliás, em uma página inédita, ele próprio escreve – a despeito de que, como vimos, tenha oposto, na Introdução à *Rechtslehre*, direito de natureza e direito positivo – que "Todo direito deve repousar simplesmente sobre princípios racionais, mesmo o direito estatutário, cujas leis devem conformar-se aos princípios do direito".[112]

---

natural entende-se unicamente o direito que não é estatutário, por conseguinte, que é pura e simplesmente o direito que é suscetível de ser concebido *a priori* pela razão de qualquer homem". Traduzo *Naturrecht* por "direito de natureza" para evitar uma confusão com o que Kant denomina *das natürliche Recht*, termo que designa o conjunto dos direitos naturais subjetivos (ver *MdS*, *Einleitung*, *AA* VI, p.242; *PMDir*, p.47).

111 Fichte, *System der Rechtslehre*, em *Werke* 10, p.499.

112 Kant, *Nachlass*, *AA* XIX, p.237. Compare-se com Hegel, *Grundlinien*, § 3, em *Werke* 7, p.35; *Principes de la philosophie du droit*, p.141: "O direito natural ou direito filosófico é diferente do direito positivo[;] mas seria um grande engano reverter isso [pretendendo] que eles seriam opostos e estariam em conflito; aquele é antes *vis-à-vis* deste último na relação das *Institutiones* às Pandectas".

Contudo, não é absurdo considerar Kant (assim como Fichte e Hegel, segundo outros modos) como um precursor do que no positivismo é razoável; e não é aberrante buscar nele argumentos que, mediante certas adaptações, podem ser utilizados contra as tendências antipositivistas que hoje se manifestam na filosofia do direito. Inicialmente porque, em um plano muito geral, os filósofos do idealismo alemão concordam ao considerar que o direito racional não é apenas uma norma ideal abstrata; ele tem a vocação de informar o direito positivo, de transformar-se em direito estatuído pelo Estado. Desse ponto de vista, esses filósofos – em todo caso, os três que foram citados – podem ser considerados, senão como precursores do positivismo jurídico, pelo menos como pensadores cuja concepção da racionalidade e da normatividade indiretamente favoreceu a eclosão daquele. Mas, o que tenho em vista possui uma razão mais precisa: Kant pode ser considerado como um precursor indireto do positivismo jurídico na medida em que ele apresenta argumentos poderosos em favor de uma das teses centrais deste último: a da separação entre o direito e a moral (ou, em seu próprio vocabulário, entre o direito e a ética). Que essa separação seja um componente essencial do projeto positivista, isso a obra de um autor como Kelsen dá testemunho. Com efeito, Kelsen considera – e este é um ponto sobre o qual ele nunca variou – que

> a pureza metodológica da ciência do direito fica comprometida pelo fato de que ela não é separada suficientemente, ou não claramente, da ética, vale dizer, por não se distinguir claramente o direito da moral.[113]

---

113 Kelsen, *Théorie pure du droit*, p.66.

Até mesmo um positivista *soft* como Hart faz da "não conexão necessária entre direito e moral, ou entre o direito tal como é e o direito tal como ele deveria ser" um dos traços distintivos da concepção positivista do direito, mesmo se não o único.[114] Assim, o positivismo jurídico teoricamente elaborado confere uma importância cardinal à separação do direito e da ética, e vela para que a argumentação jurídica não esteja fundada, para empregar o vocabulário de Dworkin, sobre "*princípios*" que pertenceriam a uma outra esfera normativa e a um tipo de argumentação diferente daquela do direito. Ora, a contestação atual do positivismo, que, inegavelmente, é um espírito do tempo,[115] apoia-se de maneira explícita (Dworkin), ou implícita (Habermas), sobre a recusa da separação entre o direito e a ética. Há naturalmente excelentes razões teóricas e morais, talvez também políticas, para afirmar a preeminência da normatividade ética. É igualmente pouco contestável que a própria prática jurídica pareça orientar-se nessa direção: atente-se, por exemplo, para o fenômeno da "juridificação", até mesmo à constitucionalização dos direitos do homem e dos textos que os proclamaram. Mas essa tendência comporta grandes riscos, uma vez que o dissenso sobre as normas morais e seus possíveis efeitos jurídicos parece ampliar-se, inclusive na Europa ocidental, terra nativa do positivismo jurídico. Recorde-se a propósito os debates suscitados há alguns anos pela interdição dos signos religiosos nos locais de ensi-

114 Hart, *The Concept of Law*, p.302.

115 Como se vê a partir do eco importante que têm todas as questões jurídicas possuidoras de implicações éticas evidentes (acórdão Perruche, caso Humbert, casamentos entre todos etc.).

no. Parece-me que, em uma situação de pluralismo cultural e moral, o credo positivista – somente o direito dá direitos – conserva seu valor e pode ser defendido com argumentos fortes. Não é insignificante que alguns desses argumentos tenham podido ser formulados por um filósofo como Kant, cuja consciência de si era resolutamente antipositivista.

IV
Uma metafísica sem história?

> Em um deserto inexplorado, ao pensador, como ao viajante, é preciso deixar toda liberdade para que escolha o caminho ao grado de suas conveniências. É preciso esperar para ver como ele se sai e se, depois que tiver alcançado sua meta, volta são e salvo ao berço, quer dizer: ao domicílio da razão.[1]

Muitos comentários talentosos foram publicados sobre a filosofia da história de Kant. Eles se esforçaram, sem necessariamente serem ouvidos, para identificar as más compreensões de que ela foi objeto e em retificar os infelizes contrassensos que a vitimaram. Por exemplo, sublinhou-se, com razão, tudo o que distingue, a despeito das aparências, a temática hegeliana da astúcia da razão (que, aliás, a meu juízo, é mal compreendida quando interpretada somente a partir do uso parcimonioso que

1 Kant, *Rezensionen zu Herder*, *AA* VIII, p.64; *Herder 2ª Rec*, p.210.

os cursos sobre a filosofia da história fazem dela[2]) do motivo presumidamente kantiano da "astúcia da natureza" (uma expressão que, de resto, não é usada por Kant; em compensação, na *Ideia de uma história universal de um ponto de vista cosmopolita,* ele fala, repetidas vezes, de um "propósito", ou de um "plano" da natureza, o que permitiria estimar que a história tem um "fio condutor"[3]). Mas há uma questão preliminar, quase nunca levantada, ainda que os comentadores lhe deem uma resposta implícita, que é a seguinte: haverá verdadeiramente em Kant algo como uma filosofia da história? Já pela escolha do vocabulário, a maioria considera isso evidente. De minha parte, tenho tendência a responder negativamente a essa interrogação, pelo menos se a palavra "filosofia" for usada no sentido estrito que Kant lhe atribui (a filosofia é "o sistema do conhecimento racional por conceitos"[4]) e se compreendermos o sentido que ela tem em seus escritos sobre a história. Segundo seu próprio dizer, estes não se incluem na "filosofia [prática] pura", mas concernem primeiramente à "antropologia moral", a qual trata não dos princípios racionais do agir, mas das "condições de [seu] exercício", condições que em grande parte pertencem à "*natureza* particular do homem".[5] Todavia, se incluirmos na

---

2 Ver, a propósito dessa questão e dos limites de seu alcance, Kervégan, *Hegel et l'hégélianisme*, p.22-5.

3 Ver Kant, *Idee*, *AA* VIII, p.17, 18, 25, 27, 29 e 30; *IdeiaHU*, p.10, 18, 20, 22 e 23.

4 Kant, *KrV*, B 741. Definições idênticas em: *KU*, *AA* V, p.171; *CFJ*, p.71. *Erste Enleitung*, *AA* XX, p.195; Primeira Introdução à *CFJ*, p.31. *Metaphysische Anfanfangsgründe*, *AA* IV, p.470; *PMCNat*, p.14. *Logik*, *AA* IX, p.23; *Lógica*, p.27. *Vorlesungen über die Metaphysik*, p.3; *Lições*, p.84.

5 Kant, *MdS*, *Einleitung*, *AA* VI, p.217; *PMDir*, p.18. Ver, igualmente, *Anthropologie*, *AA* VII, p.119-22; *Antropologia*, p.21-3.

filosofia, ao lado de sua parte pura (a metafísica), uma parte aplicada, poder-se-á considerar que, em sentido amplo, há certamente um discurso filosófico sobre a história, desde que essa palavra remeta de maneira unívoca a um conceito, o que em Kant não é nada evidente. Convém, pois, examinar a questão mais de perto, a fim de se estabelecer a posição precisa concernente à dita "filosofia da história" na sistemática kantiana, tendo-se em vista a elaboração de um certo número de ensinamentos quanto ao estatuto da realidade normativa.

Da filosofia, da metafísica e de algumas questões conexas

No segundo capítulo já evocamos a estrutura sistemática que, segundo Kant, requer uma filosofia ou uma metafísica "que quiser apresentar-se como ciência", pois "a unidade sistemática é o que, em primeiro lugar, transforma o conhecimento comum em ciência".[6] O problema que se coloca com relação a essa questão é bem conhecido. Conquanto haja três "faculdades superiores de conhecimento" (o entendimento, a razão e a faculdade de julgar), vale dizer, três maneiras de "conhecer segundo princípios",[7] e, por conseguinte, em certo sentido, três programas críticos propedêuticos, a filosofia ela mesma, que tem por único "território" a experiência possível, comporta e só pode comportar dois "domínios",[8] que, cada

6 Kant, *KrV*, B 860.

7 Kant, *KU*, *Erste Einleitung*, *AA* XX, p.245; Primeira Introdução à *CFJ*, p.84.

8 A respeito da distinção meticulosa entre campo (*Feld*), território (*Boden*) e domínio (*Gebiet*), ver Kant, *KU*, *Einleitung*, *AA V*, p.174;

um, corresponde a um tipo específico de legislação ou, dito de outro modo, a uma forma específica de *normatividade*: a legislação pelos conceitos da natureza (normatividade do entendimento e de suas "regras" com relação à experiência possível) e a legislação pelo conceito de liberdade (normatividade da razão e de seus "princípios" quanto às ações e suas máximas). Esta é a razão pela qual a distinção comum entre filosofia teórica e filosofia prática é "absolutamente legítima".[9]

Convém notar, *en passant*, uma consequência importante dessa partição da filosofia em dois domínios (será necessário lembrá-la no que segue), que distingue o tipo de normatividade (intelectiva[10] ou racional) que em cada um deles é posta em jogo. Como a crítica da faculdade de julgar "não dispõe de uma legislação que lhe seja própria",[11] ela não tem nenhum *domínio* que possa organizar com ajuda somente de seus recursos. É bastante claro que o uso determinante da faculdade de julgar (a subsunção de um caso particular sob uma regra ou uma dada lei geral) é *cognitivo*: submeter um caso particular a uma lei universal (pertença ela ao entendimento ou à razão) é um ato de

---

CFJ, p.74. O campo designa a objetividade (ou a objetualidade) em geral; o território, a objetividade cognoscível; o domínio, a objetividade cognoscível *a priori* (isto é, segundo as leis produzidas pela faculdade que tem a seu "encargo" esse domínio).

9 Kant, *KU*, *Einleitung*, *AA* V, p.171; *CFJ*, p.71.

10 Na falta de termo melhor, emprego esse adjetivo para traduzir o alemão *verständlich*, que, em Kant, pertence mais propriamente ao registro do explicar (*erklären*) do que ao do compreender (*verstehen*), para retomar uma temática que, a partir de Dilthey, tornou-se canônica. A propósito, ver as densas análises de G. H. von Wright em *Explanation and Understanding*.

11 Kant, *KU*, *Einleitung*, *AA* V, p.177; *CFJ*, p.71.

conhecimento. Mas seu uso reflexionante, ainda que de caráter não cognitivo no sentido próprio do termo, pertence, ele também, à filosofia *teórica*:

> Tudo o que possamos ter a dizer dos princípios próprios da faculdade de julgar deve necessariamente ser colocado à conta da parte teórica [da filosofia], vale dizer: à conta do conhecimento racional segundo os conceitos da natureza.[12]

A particularidade do uso reflexionante do juízo no seio do domínio teórico é que nele "é unicamente ao sujeito que a faculdade de julgar se reporta".[13] Com efeito, ele limita-se a sugerir, ao modo do "tudo se passa como", uma perspectiva de unificação *subjetiva* dos conhecimentos (empíricos) relativos à *natureza*. Esta é a razão pela qual a faculdade de julgar "se mostra incapaz de produzir qualquer conhecimento":[14] é porque ela não tem e não pode ter alcance *objetivo*, razão pela qual Kant fala frequentemente de juízos "simplesmente" reflexionantes, como notou Béatrice Longuenesse;[15] eu diria que a faculdade de julgar não dispõe, contrariamente ao entendimento e à razão, uma capacidade normativa, se entendermos por essa ex-

12 Kant, *KU*, *Einleitung*, *AA* V, p.179; *CFJ*, p.23.

13 Kant, *KU*, *Erste Einleitung*, *AA* XX, p.208; Primeira Introdução à *CFJ*, p.43.

14 Kant, *KU*, *Erste Einleitung*, *AA* V, p.246; Primeira Introdução à *CFJ*, p.85.

15 Longuenesse, *Kant et le pouvoir de juger*, p.209. Se é verdade que os "juízos sobre o sensível" são reflexionantes e determinantes (*loc. cit.*), isso, evidentemente, diz respeito somente ao domínio cognitivo-teórico, não ao domínio normativo-prático.

pressão a capacidade de estruturar um campo segundo regras. Por certo, ela tem por vocação "ligar em um todo as duas partes da filosofia", a de ser o "termo médio" (subjetivo) que permite a circulação (uma "passagem", *Übergang*) entre as duas legislações do entendimento (cognitivo) e da razão (normativa), fazendo, assim, como se as regularidades empíricas pudessem ser consideradas como efeito de atividade normativa da razão.[16] Mas essa passagem se efetua em um *único sentido*, a partir do domínio da legislação pelos conceitos referentes à natureza, como o indica claramente a *Crítica da faculdade de julgar*. Consequentemente, à primeira vista pelo menos, a temática do juízo reflexionante não tem e não pode ter incidência no domínio da racionalidade prática, como já indicado acima.[17] Por certo, conquanto a físico-teleologia (§ 85 da terceira *Crítica*) não gere a dita "*físico*-teologia" senão ao preço de um "mal-entendido",[18] Kant reconhece a pertinência de uma *ético*-teo-teleologia (§ 87), que termina em uma "demonstração" moral da existência de Deus. Porém, não se trata de uma demonstração, pois esta não se conclui como um saber, e sim como *crença*, isto é, como uma "maneira de pensar a moral da razão em face do que é inacessível ao conhecimento teórico".[19] Não sendo objeto nem de uma

16 Kant, *KU*, *Einleitung*, *AA* V, p.176; *CFJ*, p.76.

17 Ver *supra*, capítulo II, p.XX-YY.

18 Kant, *KU*, § 85, *AA* V, p.442; *CFJ*, p.339. Há um mal-entendido porque o argumento físico-teológico repousa sobre uma incompreensão do verdadeiro sentido da teleologia física: "a teleologia física nos leva, por certo, a buscar uma teologia, mas ela não pode produzir nenhuma" (*KU*, § 85, *AA* V, p.440; *CFJ*, p.337).

19 Kant, *KU*, § 91, *AA* V, p.471; *CFJ*, p.368. Sobre a distinção entre opinião, saber e crença, ver *KU*, § 91, *AA* V, p.467 ss; *CFJ*, p.364 ss, e Kant, *Logik*, *AA* IX, p.65 ss; *Lógica*, p.111 ss.

certeza empírica, nem de uma certeza racional, a existência de Deus não é nem uma opinião, nem um fato, mas, como a *Crítica da razão prática* estabeleceu amplamente, ela é um *postulado*, isto é, um *pressuposto* cuja admissão decorre (por certo, de maneira necessária) da estrutura formal da normatividade, quer dizer, da lei fundamental da razão prática, a qual, é necessário lembrar, "não é um postulado, mas uma lei pela qual a razão determina imediatamente a vontade".[20] Em resumo, por mais importante que seja do ponto de vista do equilíbrio interno do sistema e, se posso dizer, de sua fluidez, a temática do juízo reflexionante absolutamente não afeta a organização sistemática da filosofia pura, e, tal como concebidas por Kant, em particular, a da metafísica. Prova disso se encontra em que, em linhas gerais, a apresentação desta última permanece inalterada, da *Crítica da razão pura* à *Metafísica dos costumes*, passando pela *Fundamentação*, pela *Crítica da razão prática* e pela *Crítica da faculdade de julgar*.

Examinemos agora, um pouco mais de perto, essa estrutura interna da filosofia e de sua parte pura, a metafísica (que, como escrito nos *Prolegômenos*, tem como "caráter próprio" o de ser "uma preocupação da razão com ela mesma"[21]), com vistas a estabelecer o que dela resulta quanto à natureza e ao domínio da filosofia normativa. Existem na obra de Kant duas apresentações dessa questão, mas essa diferença, vamos ver, na realidade reflete somente a dualidade dos pontos de vista se-

20 Kant, *KpV*, *AA* V, p.132; *CRPr*, p.471. Levando em conta as modificações trazidas pela *Metafísica dos costumes* à tópica das faculdades (ver *supra*, capítulo I, p.ZZ-WW), seria necessário dizer: "uma lei pela qual a razão determina imediatamente o *arbítrio*".

21 Kant, *Prolegomena*, § 40, *AA* IV, p.327; *Prolegômenos*, p.59.

gundo os quais essa estrutura é examinada. Segundo a maioria dos textos publicados depois de 1781, a filosofia se divide em dois domínios, a filosofia teórica e a filosofia prática, e a metafísica, sua parte pura (pura querendo dizer aqui não *empírica* e não *aplicada*), em dois ramos paralelos, a metafísica da natureza e a metafísica dos costumes (esta, ao final, subdividida em metafísica do direito e em metafísica da virtude, ou ética).[22] Com efeito, na medida em que, tal como a filosofia teórica, a filosofia prática comporta uma parte pura distinta de sua parte empírica, ponto do qual a *Grundlegung* se pretende a demonstração (particularmente na segunda seção, intitulada "*Passagem da filosofia moral popular à metafísica dos costumes*"), deve haver uma "metafísica dos costumes" simétrica à "metafísica da natureza", uma e outra compondo conjuntamente a parte pura e *a priori* do "sistema real da filosofia", que, ele próprio, se distingue da lógica, que é a "parte formal" desse sistema.[23]

Segundo uma outra apresentação, que encontramos pela primeira vez, parece-nos, no "*Cânon da razão pura*" da primeira *Crítica*, a filosofia tem por vocação responder a três questões que resumem "todo o interesse da razão pura": "O que posso saber?", "O que devo fazer?", "O que posso esperar?". A primeira questão é "simplesmente especulativa", a segunda "simplesmente prática", a terceira "prática e teórica ao mesmo tempo".[24] Pode-se considerar que a metafísica *lato sensu* tem

---

22 Ver, notadamente, Kant, *KrV*, B 869-70; *Grundlegung*, *AA* IV, p.388; *FMC*, p.65; *Metaphysische Anfangsgründe*, *AA* IV, p.469; *PMCNat*, p.16; *MdS*, *Einleitung*, *AA* VI, p.216; *PMDir*, p.17.

23 Ver, em particular, Kant, *Erste Einleitung*, *AA* XX, p.195; Primeira Introdução à *CFJ*, p.31 e *Grundlegung*, *AA* IV, p.387-8; *FMC*, p.65.

24 Kant, *KrV*, B 832-3.

por tarefa trazer resposta a essas três questões. Se, no entanto, como Kant está inclinado a pensar nessa etapa de seu pensamento, identificarmos a metafísica à filosofia transcendental, entendida esta como o sistema dos princípios que tornam possível o conhecimento puro *a priori*, isto é, ao que subsiste da metafísica especulativa depois de realizado o empreendimento crítico,[25] então será necessário passar a considerar somente o que cabe responder à primeira questão, "O que posso saber?". A segunda questão pertence então à "moral pura" e a terceira, no essencial, à "teologia moral". Esta, sem dúvida, é a razão pela qual em outros textos, mais tardios, Kant adota uma apresentação diferente, que precisa os papéis das diversas disciplinas filosóficas e acrescenta uma quarta às três questões da *Crítica da razão pura*. A metafísica é então apresentada como a disciplina que tem a seu cargo a questão "O que posso saber?"; à moral, então expressamente distinguida da metafísica, compete a tarefa de responder à questão "O que devo fazer?"; a religião trata da terceira questão: "O que posso esperar?"; enfim a antropologia (a respeito da qual voltarei) tem por objeto a última grande questão filosófica, à qual convergem as três primeiras: "O que é o homem?".[26]

De certo ponto de vista, pode-se, sem dúvida, considerar essa segunda apresentação como a remanência de um estágio bastante antigo do pensamento de Kant, anterior ao programa

---

25 Kant, *KrV*, B 25.

26 Ver Kant, *Vorlesungen über die Metaphysik*, *AA* XXVIII, p.533-34; *Lições*, p.87 e Kant, *Logik*, *AA* IX, p.25 ss; *Lógica*, p.31 ss. O caráter central desta questão é destacado por Foucault em sua "Introduction à l'*Anthropologie* de Kant", em Kant, *Anthropologie d'un point de vue pragmatique*, p.47 ss.

ambicioso de uma *metafísica* dos costumes "à qual não se vem misturar nenhuma antropologia, nenhuma teologia, nenhuma física ou hiperfísica".[27] Mas ela reaparece às vezes, mesmo após formulado tal programa, para acomodar-se, ao que parece, a um uso que resta dominante. Assim, a *Arquitetônica da razão pura*, logo após ter exposto a divisão da metafísica em metafísica da natureza e metafísica dos costumes, indica que esta última "é propriamente moral pura" e que, em um sentido mais restrito, "a metafísica da razão especulativa é o que se chama habitualmente metafísica".[28] Todavia, essa diferença de apresentação do sistema corresponde, sobretudo, a duas maneiras distintas de considerar a filosofia: segundo seu conceito escolar (*Schulbegriff*) ou segundo seu conceito cósmico ou mundano (*Welbegriff*). Como sabido, essa distinção é introduzida na *Crítica da razão pura*, mas me parece que ela recebe um sentido um pouco diferente, que interessa diretamente a meu propósito, em certos escritos posteriores. Na primeira *Crítica* (e em alguns outros textos) o conceito escolar de filosofia – cujo resultado é sua apresentação bipartida – "não visa outro fim senão o da perfeição *lógica* do conhecimento"; já, diferentemente, em seu conceito "mundano", a filosofia "é a ciência da relação entre todo conhecimento e os fins essenciais da razão humana", em vista do que a ela "concerne o que necessariamente interessa a cada um".[29] É preciso compreender que o conceito escolar corresponde à organiza-

---

27 Kant, *Grundlegung*, *AA* IV, p.410; *FMC*, p.175-7.

28 Kant, *KrV*, B 870.

29 Kant, *KrV*, B 866-7. Em termos mais lapidares precisos, a *Metafísica Pölitz* diz que, segundo seu *conceptus cosmicus*, a filosofia é "a ciência dos fins últimos da razão humana" (*Vorlesungen über Metaphysik*, *AA* XXVIII, p.4; *Lições*, p.85).

ção técnica da filosofia em disciplinas, tal como a podemos encontrar em um manual, ao passo que o conceito "mundano" a confronta às questões que o homem se coloca, de maneira pré-filosófica, na medida em que, presente no mundo, busca alcançar a "sabedoria" (e não somente a "habilidade" de um bom técnico ou de um "artista da razão"); e isso porque, graças a um certo engajamento subjetivo, isso faz dele um filósofo, e não somente alguém que aprendeu a filosofar. Com efeito, o verdadeiro filósofo tem por vocação ser "o legislador da razão humana";[30] pelo que é ele o "filósofo prático",[31] quer dizer, aquele que é guiado por um interesse – e nós sabemos que, para Kant, "todo interesse é, em definitivo, prático";[32] em outros termos, é filósofo aquele que estabelece uma relação "engajada" com a normatividade racional, aquele que dá provas de uma parcialidade em favor da razão.

Ainda que Kant utilize a expressão latina *conceptus cosmicus*, eu evito a tradução usual por "conceito cósmico", que não faz muito sentido e ainda corre o risco de sugerir uma interpretação "exaltada" (no sentido de *Schwärmerei*, essa "piedosa temeridade ocasionada por um certo orgulho e excessiva confiança em si mesmo"[33] e que "leva os inspirados aos últimos extremos"[34]), que está muito afastada da intenção de Kant.

30 Kant, *KrV*, B 867.

31 Kant, *Vorlesungen über die Metaphysik*, *AA* XXVIII, p.5; *Lições*, p.86.

32 Kant, *KpV*, *AA* V, p.121; *CRPr*, p.219.

33 Kant, *Beobachtungen über das Gefühl des Schönen und des Erhabenen*, *AA* II, p.251; *O Belo e o Sublime*, p.73.

34 Kant, *Versuch über die Krankheiten des Kopfes*, *AA* II, p.267; *Doenças*, p.219. Sobre o *Schwärmer*, cujo tipo ideal é Swedenborg, veja-se em particular o capítulo II da 2ª parte do *Sonho de um visionário*, intitulado

Falar de "conceito mundano" também apresenta inconvenientes, pois a filosofia compreendida assim nada possui em comum com a "mundanidade", seja esta qual for. É, sem dúvida, por essa razão que Kant vai, finalmente, preferir a essa determinação a de "conceito *cosmopolítico*" da filosofia, ou ainda, de filosofia *in sensu cosmopolitico*.[35] Esse rearranjo terminológico me parece altamente significativo. O verdadeiro ponto de vista filosófico, o que coloca as boas questões, é o que adota, ou que deve adotar, um homem que se considere um cidadão do mundo (*Welbürger*), isto é, não somente como "um ser no mundo" (*Weltwesen*), mas como um ser engajado com os semelhantes em relações éticas e jurídicas que sejam pelo menos possíveis.[36] Não é certo que essa noção de *Weltbürger*, de cidadão do mundo, tenha um sentido constante e unívoco em Kant; mais particularmente, ele nem sempre assume uma conotação jurídica, como é o caso da passagem que acaba de ser evocada e de várias outras. Mas ela sempre implica uma presença ativa no mundo, a de um espectador engajado: "O cidadão do mundo deve considerar o mundo na condição de residente, não enquanto um estrangeiro. [Ele não deve] ser um espectador do mundo, mas um cidadão do mundo".[37] O conceito cosmo-

Viagem extática de um exaltado através do mundo dos espíritos (*Träume eines Geistssehers*, *AA* II, p.357 ss; *Sonhos*, p.196 ss).

35 Kant, *Vorlesungen über die Metaphysik*, p.3 e 5; *Lições*, p.85 e 86. A *Lógica*, cujo texto se aproxima muito do das *Lições*, utiliza as duas expressões, falando do "conceito mundano" (*Weltbegriff*) da filosofia, mas também da "filosofia em sua significação cosmopolita" (*in dieser weltbürgerlichen Bedeuting*). *Logik*, *AA* IX, p.25; *Lógica*, p.31.

36 Kant, *MdS*, *Rechtslehre*, § 28, *AA* VI, p.242; *PMDir*, p.46.

37 Kant, *Nachlass*, *AA* XV, p.518.

político de filosofia, ao tratar das três (ou quatro) questões às quais a "verdadeira filosofia" *deve* responder "pela doutrina e pelo exemplo",[38] é um conceito *normativo* e, de certo modo, jurídico: ele indica o que a filosofia *deve ser*. O próprio fato de que a "verdadeira" definição da filosofia seja normativa mostra bem, eu acredito, a que ponto a questão da normatividade é central para Kant, e não somente em sua filosofia prática.

Mas, nesse sistema, compreendido como ele deve ser, como conjunto coordenado de respostas às questões que o homem enquanto cidadão do mundo e no mundo *deve* se colocar, o que será da filosofia prática propriamente dita, e, mais precisamente, da metafísica dos costumes, isto é, da "moral enquanto sistema das obrigações em geral"?[39] Aparentemente (do ponto de vista escolar), ela parece responder apenas a *uma* das quatro questões que o "verdadeiro filósofo" propõe para si: "O que devo fazer?"; ao passo que as questões "O que posso saber?", "O que posso esperar?" e "O que é o homem?" devem ser respondidas respectivamente pela metafísica em sentido estrito (a metafísica especulativa), pela religião e pela antropologia; Kant precisa que esta última reúne as três precedentes, de sorte que "se poderia designar o conjunto delas com o termo antropologia".[40] Voltarei à antropologia, cujo estatuto é decisivo para os propósitos do presente capítulo. Mas, antes, é necessário dizer uma palavra sobre a religião. Para quem leu a *Crítica da razão prática* e *A religião nos limites da simples razão*, é claro que não é a religião positiva ("estatutária") que está apta a res-

38 Kant, *Logik*, *AA* IX, p.24; *Lógica*, p.29.

39 Kant, *MdS*, *Rechtslehre*, *Einleitung*, *AA* VI, p.242; *PMDir*, p.47.

40 Kant, *Vorlesungen über di Metaphysik*, p.6; *Lições*, p.87.

ponder à questão "O que posso esperar?"; com efeito, as respostas formuladas por esta e pela "fé de igreja" são dogmáticas e contraditórias, e, por conseguinte, filosoficamente inaceitáveis. Somente a religião moral, racional, e a "pura fé religiosa" que a acompanha podem responder, ao modo da fé racional, e não do saber, à legítima questão do "cidadão do mundo", que é também o cidadão da "igreja invisível", vale dizer da "cidade ética".[41] Pode-se, portanto, considerar que é à filosofia prática *lato sensu*, incluindo a "pura religião da razão",[42] que compete responder à segunda e à terceira questão, e dessa maneira, se nos limitássemos às três questões que, de acordo com a primeira *Crítica*, reuniam "todo o interesse (tanto o especulativo quanto o prático) d[a] razão",[43] poder-se-ia considerar – e é bem isso o que parecia sugerir a formulação citada acima – que, como no caso do conhecimento, a triplicidade (das questões como a das faculdades) não é incompatível com a estrutura dual do sistema em sua apresentação em termos escolares. Mas o acréscimo nos textos posteriores à *Crítica* de uma quarta questão, "O que é o homem?", e a afirmação de que compete à *antropologia* responder a esta última, para a qual convém "reconduzir as demais",[44] complica o quadro. Portanto, antes de se examinar o lugar da história no pensamento kantiano, é preciso debruçar-se sobre o estatuto que nele é atribuído à antropologia, a ciência (?) do homem.

---

41 Ver Kant, *Religion*, *AA* VI, p.101 e 105; *Religião*, p.107 e 111.

42 Kant, *Religion*, *AA* VI, p.12; *Religião*, p.21.

43 Kant, *KrV*, B 832.

44 Kant, *Logik*, *AA* IX, p.25; *Lógica*, p.31.

Da antropologia

À leitura dos diferentes textos em que esta é tratada, uma constatação parece se impor: em Kant, a antropologia não tem uma definição unívoca. Isso já é testemunhado pelo fato de que, com frequência, ele tem necessidade de juntar um epíteto a seu nome: ao lado da "antropologia do ponto de vista pragmático", que é objeto de uma de suas últimas publicações e que se distingue da antropologia tratada de um ponto de vista "fisiológico",[45] há a antropologia prática do prefácio da *Grundlegung*,[46] a antropologia "moral" da *Metafísica dos costumes*,[47] a antropologia entendida como uma ciência da natureza,[48] a antropologia enquanto correspondente da geografia física no "conhecimento do mundo",[49] a antropologia que deve ser distinguida da antroponomia porque "procede por meio de conhecimentos simplesmente empíricos"...[50] Essa equivocidade, ou, mais exatamente, plurivocidade, diz respeito, a meu ver, do seguinte fato: a antropologia, isto é, seguindo sua definição nominal de conhecimento do homem, situa-se na fronteira do descritivo e do normativo, ou, no que concerne ao "domínio" a que pertence, na fronteira da natureza e da liberdade. Com efeito, essa disciplina, que não se pode qualificar sem alguma outra forma de procedimento filosófico, mas que não é estra-

45 Kant, *Anthropologie*, *AA* VII, p.119; *Antropologia*, p.21.

46 Kant, *Grundlegung*, *AA* IV, p.388; *FMC*, p.65.

47 Kant, *MdS*, *Einleitung*, *AA* VI, p.217; *PMDir*, p.18.

48 Kant, *MdS*, *Tugendlehre*, *Einleitung*, *AA* VI, p.385; *MC*, p.291.

49 Kant, *Physische Geographie*, *AA* IX, p.157; *Géographie*, p.66. Ver também *KrV*, B 877.

50 Kant, *MdS*, *Tugendlehre*, *Einleitung*, *AA* VI, p.406; *MC*, p.324.

nha à filosofia na medida em que esta admite uma parte aplicada, trata ao mesmo tempo do que o homem *é* e do que ele *deve ser*, "do que a *natureza* faz do homem" e do que "o homem como agente livre faz, ou pode e deve fazer de si mesmo".[51] Segundo o primeiro ponto de vista, que é o da antropologia "fisiológica", ela pertence ao conhecimento empírico da natureza, pois "o homem tem também uma natureza",[52] e ela se encontra situada, portanto, sob a jurisdição da filosofia *teórica*. De acordo com o segundo ponto de vista, o da antropologia "pragmática", ou "moral" (essa distinção podendo corresponder aos dois pontos de vista, o descritivo ["o que o homem pode fazer"] e o prescritivo ["o que o homem deve fazer"], que coabitam na definição precitada), a antropologia constitui a parte empírica e aplicada da filosofia *prática* (a outra parte, a filosofia prática pura, ou metafísica dos costumes, por conter as normas da "razão incondicionalmente legisladora, apresenta para o homem uma "antroponomia"[53]); essa antropologia pragmática enuncia "as condições – mas unicamente as que são subjetivas – da *execução* das leis [da metafísica dos costumes] na natureza humana".[54] Ou, como diz a *Geografia*, a antropologia, associada à "frequentação dos homens", permite-nos "exercitarmo-nos e prepararmo-nos para todas as experiências futuras" e, assim, "conhecermos o que no homem é pragmático e não especulativo".[55] Em um sentido, ela pertence, por-

51 Kant, *Anthropologie*, *AA* VII, p.119; *Antropologia*, p.21.

52 Kant, *Nachlass*, *AA* XV, p.660.

53 Kant, *MdS*, *Tugendlehre*, *Einleitung*, *AA* VI, p.406; *MC*, p.324.

54 Kant, *MdS*, *Einleitung*, *AA* VI, p.217; *PMDir*, p.18.

55 Kant, *Physische Geographie*, *AA* IX, p.157; *Géographie*, p.66.

tanto, perfeitamente, à filosofia prática (normativa), mas, na medida em que se reporta não simplesmente ao que o homem deve fazer, mas ao que ele "pode e deve fazer" de sua *natureza*, ela liga-se a sua vertente "técnico-prática" e não à "prático-moral", para retomarmos a distinção feita na *Crítica da faculdade de julgar*.[56]

Essa situação intermediária da antropologia, instalada na interseção do domínio teórico e do domínio prático, reflete, na verdade, a de seu objeto, o homem. Com efeito, segundo se considere o homem como "ser sensível" ou como "ser racional", como "ser natural", implacavelmente submetido à lei da causalidade, ou como "ser dotado de liberdade interior" e, por isso, "habilitado à obrigação", "o conceito de homem não é tomado em um único e mesmo sentido".[57] Assim, contrariamente ao que se diz às vezes, a "natureza" singular do homem consiste não em não ter natureza, mas em "poder e dever" ultrapassá-la constantemente, submetendo-a a normas, sejam estas jurídicas ou éticas, ao mesmo tempo que, de algum modo, ele é estimulado pelos recursos (as "disposições", *Anlagen*) que essa natureza oferece. Esse caráter paradoxal é ilustrado, por exemplo, na *Ideia de uma história universal do ponto de vista cosmopolita* pela temática da sociabilidade insociável (*ungesellige Geselligkeit*), com a ajuda da qual Kant procura descrever como o antagonismo "natural" dos humanos pode conduzir, como se fosse "por um acordo extraído patologicamente", a "associar-se em um todo moral"[58]

56 Kant, *KU*, *Einleitung*, *AA* 6, p.172; *CFJ*, p.72.
57 Kant, *MdS*, *Tugendlehre*, § 3, *AA* VI, p.418; *MC*, p.341.
58 Kant, *Idee*, *Satz* 4, *AA* VIII, p.82; *IdeiaHU*, p.13-4.

e a trabalhar, sem jamais poder realizá-lo completamente, para a constituição de uma "sociedade civil que administra o direito de maneira universal",[59] ou ainda, para "o estabelecimento de uma constituição civil perfeita".[60] A terceira proposição do texto de 1784 enuncia claramente o que resulta dessa "duplicidade" do homem (penso, é claro, na famosa imagem da "madeira nodosa", ou mais exatamente, na tora recurva, a partir da qual jamais se conseguirá "talhar vigas bem retas"[61]), ilustrando dessa maneira o caráter particular dos enunciados antropológicos:

> A natureza quis que o homem produzisse a partir de si mesmo tudo o que ultrapassa o agenciamento mecânico de sua existência (*Dasein*) animal e que ele não participe de nenhuma felicidade ou perfeição que não seja a que ele próprio forneça por sua própria razão, independentemente do instinto.[62]

O homem é o único ser ao mesmo tempo natural e racional, e a antropologia, o conhecimento do homem, reflete esse caráter singular, ao enunciar proposições que pertencem ao duplo registro do descritivo e do normativo. Todas as proposições da *Ideia de uma história universal* (das quais acabamos de citar algumas) ilustram esse duplo caráter do homem e, a este título, concernem à antropologia ou à filosofia prática aplicada, antes que à moral pura. Aliás, Kant indica de saída que as questões

---

59 Kant, *Idee*, *Satz* 5, *AA* VIII, p.22; *IdeiaHU* p.14. Como sempre, em Kant, "sociedade civil", evidentemente, significa "sociedade política".

60 Kant, *Idee*, *Satz* 7, *AA* VIII, p.24; *IdeiaHU*, p.16. Mesma observação a respeito do adjetivo "civil" que tem o sentido de "político".

61 Kant, *Idee*, *Satz* 6, *AA* VIII, p.23; *IdeiaHU*, p.16.

62 Kant, *Idee*, *Satz* 3, *AA* VIII, p.19; *IdeiaHU*, p.12.

abordadas nesse escrito não pertencem à filosofia prática pura, uma vez que são compatíveis com um agnosticismo quanto à natureza da liberdade, descabido, por certo, ao autor da segunda *Crítica* e da *Metafísica dos costumes*. Com efeito, ele escreve (são as primeiras linhas do texto):

> – De um ponto de vista metafísico, qualquer que seja o conceito que se faça da *liberdade do querer*, as suas *manifestações fenomênicas* – as ações humanas –, como todo outro acontecimento natural, são determinadas, exatamente, de acordo com as leis universais da natureza.[63]

Ora, é claro que não é qualquer conceito do querer e de sua liberdade que é compatível com os princípios da racionalidade normativa. Isso é tão verdadeiro, como lembramos no primeiro capítulo, que o próprio Kant transformou substancialmente seu conceito de liberdade e seu conceito do querer, e isso, ao ponto de dissociá-los completamente.

A expressão às vezes utilizada por Kant para designar mais exatamente o objeto preciso da antropologia ilustra, igualmente, a particularidade dessa disciplina: esse objeto, diz-nos ele, é o *Weltbürger*, o cidadão do mundo, compreendido não como quem, como um "estrangeiro", é simples espectador dos acontecimentos que se desenrolam no mundo, mas como ator engajado e orientado (ou que deve sê-lo) por normas racionais às quais ele tende (ou deve tender) a se conformar: um "cidadão" dessa república potencial. Mas ele só pode alcançar essa coincidência (ilustrada pelo motivo "da constituição civil

63 Kant, *Idee*, *AA* VIII, p.17; *IdeiaHU*, p.9.

perfeita") na escala "de uma linhagem talvez interminável das gerações na qual cada uma transmite às seguintes suas luzes".[64] Um dos ensinamentos dessa antropologia, ainda que ela examine a "natureza" do homem em sua particularidade diferenciada, graças à observação *dos* homens, é que os fins últimos do homem só podem ser alcançados pela espécie humana enquanto idealidade normativa, não enquanto entidade biológica.

Esses esclarecimentos relativos à antropologia podem talvez explicar o porquê de Kant ter escrito que a questão "O que é o homem?" é o horizonte das três outras questões que o "verdadeiro filósofo", enquanto *Weltbürger*, se coloca, e em que sentido ele pode "pretender que a tudo [= à metafísica, à moral e à religião] se pode denominar antropologia".[65] A despeito dessa fórmula, não creio que seja necessário sobrevalorizar o lugar que cabe à antropologia, pois seus limites, fortemente sublinhados pela *Grundlegung* e pela *Metafísica dos costumes*, são tais que ela não pode fazer parte da filosofia propriamente dita, dessa filosofia "pura", que, como tentei mostrar, possui em Kant um teor essencialmente normativo. O que, de resto, a Introdução geral da *Metafísica dos costumes* indica com toda clareza:

> Não se pode dispensar uma tal antropologia moral, mas ela não pode de maneira alguma preceder a metafísica dos costumes nem ser confundida com ela.[66]

64 Kant, *Idee, Satz 2, AA* VIII, p.19; *IdeiaHU*, p.11.

65 Kant, *Vorlesungen über die Metaphysik*, p.6; *Lições*, p.87; Kant, *Logik*, *AA* IX, p.25; *Lógica*, p.31.

66 Kant, *MdS*, *Einleitung AA* VI, p.217; *PMDir*, p.18.

A história, a "verdadeira metafísica" e a "pura teleologia prática"[67]

Os elementos evocados há pouco permitem que retornemos agora ao problema colocado no início deste capítulo: qual é o estatuto das considerações sobre a história no pensamento de Kant? Farei uma primeira observação relativa ao *corpus*: os textos reunidos sob o rótulo "filosofia kantiana da história" são escritos de estatutos diversos que não têm todos por objeto, pelo menos não explicitamente, a história tal como a entendem hoje os historiadores e, menos ainda, como a *Weltgeschichte* de Hegel e as "filosofias da história"; quanto a isso, o ensaio de 1784, *A ideia universal do ponto de vista cosmopolita*, aparece quase como uma exceção. O que, todavia, reúne esses textos e faz com que seu reagrupamento não seja arbitrário é que o domínio de investigação ao qual eles se reportam situa-se sempre na intersecção ou na fronteira da natureza e da história. Isso pode ser constatado, particularmente, em dois textos (datados de 1775-1777 e de 1785) que são consagrados à noção de raça(s) humanas(s). Nesses textos, Kant procura mostrar, com inegável inventividade, que se pode pensar sem contradição na unidade do gênero humano e na diversidade das raças, sob condição de que não nos limitemos a um enfoque estreitamente naturalista, mecanicista, da questão, ainda que pagando o preço de invocar (Kant escreve isso bem antes que tenha sido elaborada sua teoria do juízo teleológico) "certas causas finais".[68]

67 Ver Kant, *Über den Gebrauch*, *AA* VIII, p.180 e 182; *Princípios Teleológicos*, p.234-5 e 237.

68 Kant, *Von der verschiedenen Rassen der Menschen*, *AA* II, p.436; *Raças 2*, p.17.

Esse gênero de investigação, nota ele, necessita recorrer a hipóteses "cujas origens remontam além de toda a história".[69] Não diz respeito à ciência empírica da natureza ou à história natural *stricto sensu*, mas a um exame do que a natureza do homem, tal como esta pode ser descrita empiricamente, permite conjecturar com relação ao passado e ao futuro da espécie. Em resumo, as considerações desenvolvidas nos escritos de Kant sobre a história pertencem ao que ele denomina – a expressão tornou-se famosa – "história conjetural". Não se trata, absolutamente, de "montar com todas as peças uma história conjectural", que viesse a ser a escrita de um "romance";[70] trata-se antes de "um exercício concedido à imaginação *acompanhada da razão*",[71] o que indica que a racionalidade permanece o mestre de obras dessa espécie de variação eidética que é a história conjectural.

Mais precisamente, essa história quer ser "uma história do [...] desenvolvimento da liberdade a partir da disposição originária que reside na natureza humana"; ela é, portanto, inteiramente diferente da história dos historiadores, a "qual só pode ser fundada em documentos".[72] A temática das "disposições" naturais (*Anlagen*) da humanidade joga um papel decisivo nessas investigações, pois ela permite pensar a base *natural* da história e de seu progresso – um progresso que não é possível *conhecer*, mas acerca do qual é necessário *pensar*. Ora, como vimos, é próprio do que Kant chama de antropologia situar-se

69 Kant, *Bestimmung des Begriffs einer Menschenrasse*, *AA* VIII, p.102; *Raças*, p.40.

70 Kant, *Mutmaßlicher Anfang*, *AA* VIII, p.109; *Começo Conjectural*, p.13.

71 Kant, *Mutmaßlicher Anfang*, *AA* VIII, p.109; *Começo Conjectural*, p.14. [Grifos de J.-F. Kervégan. (N. T.)]

72 Kant, *Mutmaßlicher Anfang*, *AA* VIII, p.109; *Começo Conjectural*, p.14.

na fronteira da natureza e da cultura, para empregar uma terminologia ulterior, ou, ainda, da necessidade e da liberdade. O que Kant denomina história da natureza,[73] distinguindo-a da "descrição da natureza", e, mais precisamente, "história natural universal do homem",[74] pertence inegavelmente à antropologia, na medida em que esta examina, como vimos, o que o homem (enquanto espécie, historicamente) pode e deve fazer de sua natureza. Por conseguinte, não é, em absoluto, fortuito que, em sua resenha de Herder, Kant associe à antropologia, cujos "materiais" (que ele estima "conhecer bastante bem") "não devem ser buscados na metafísica, nem em um laboratório de história natural", o projeto de uma "história da humanidade no todo de sua destinação".[75] Como a antropologia, que lhe oferece seus instrumentos (ao reunir, por exemplo, os elementos fenotípicos disponíveis com vistas a uma eventual classificação das raças humanas), a história natural da humanidade estudará como os fins da razão (que, para uma metafísica que se tornou consciente de seus próprios limites, assim como dos da razão,[76] não podem ser definidos sem relação com a experiência e sem referência à natureza) podem encontrar nas disposições humanas naturais, aquelas que evidentemente demandam ser "cultivadas" e que podem sê-lo graças ao concurso de acontecimentos naturais, um terreno que lhes permite caminhar em direção a uma eclosão indefinida e fecunda. As conjecturas do filósofo, concernentes seja a seu começo

73 Kant, *Über den Gebrauch*, *AA* VIII, p.161; *Princípios Teleológicos*, p.217.
74 Kant, *Rezensionen zu Herder*, *AA* VIII, p.61; *Herder 2ª Rec*, p.207.
75 Kant, *Rezensionen zu Herder*, *AA* VIII, p.56; *Herder 2ª Rec*, p.203.
76 Ver Kant, *Über den Gebrauch*, *AA* III, p.180; *Princípios Teleológicos*, p.235.

seja a seu *telos*, são, portanto, estreitamente articuladas com as investigações desenvolvidas pela antropologia. Como esta, e apoiando-se nela, a história conjectural examina o que pode e o que deve ser à luz do que é, baseando-se aqui nas disposições inscritas na natureza singular da humanidade (e isso, sabendo o quanto Kant foi um leitor atento de Rousseau, nos convida a denominar: sua *perfectibilidade*).

Há, contudo, uma diferença significativa entre a história filosófica (a história "natural" da humanidade) e a antropologia pragmática ou moral; essa diferença vincula-se à importância crucial que, na segunda dessas disciplinas, possuem as considerações teleológicas. Bem entendido, tais considerações não estão ausentes das análises antropológicas, uma vez que estas dizem respeito, como lembramos, às condições "naturais" (psicossociais) da realização dos fins da razão (principalmente ético-políticos), graças ao jogo complexo das disposições, desigualmente repartidas e desenvolvidas, da natureza humana. Mas, em um texto como a *Antropologia de um ponto de vista pragmático*, ou nos escritos sobre as raças humanas, a teleologia permanece, por assim dizer, no horizonte, enquanto a determinação das características fenotípicas, e outras, ali se encontra em primeiro plano. Em contrapartida, a questão da finalidade ou do "fim último" da história encontra-se em primeiro plano nos textos que se reportam diretamente à maneira como a filosofia pode e deve tratar da história e de seu "sentido" (incluindo aí, é claro, o ensaio sobre a utilização dos princípios teleológicos em filosofia, que prefigura o tema da terceira *Crítica*).

Aliás, talvez fosse necessário dizer, a menos que eles ali se sucedam, que coexistem dois conceitos distintos de história nos escritos de Kant. Uma formulação bem-acabada (um pouco em demasia) das *Conjecturas* nos coloca na trajetória desse desdobramento do conceito de história:

> A história da *natureza* começa pelo Bem, pois ela é a obra de Deus; a história da *liberdade* começa com o Mal, pois ela é *obra do homem*.[77]

O primeiro conceito é regulado pela noção clássica da história natural (ela remonta aos tratados "biológicos" de Aristóteles, mas foi atualizada por Buffon), embora haja também uma tendência a desmarcar-se dela. É assim que as conjecturas de Kant sobre as origens da história e sobre a diversificação das raças humanas concernem ao que se denomina tradicionalmente de história natural; mas esta, precisa Kant, "somente trata da produção e da ascendência" diacrônica das espécies, ao passo que "a descrição da natureza" os ordena e apresenta sincronicamente, como em Lineu.[78] Ou ainda, se se admitir que a "geografia", tomada em sentido amplo, cobre todo o campo de descrição da natureza, dir-se-á que a história se distingue da geografia por se colocar do ponto de vista do tempo e não do espaço: "a história é um relato, enquanto a geografia é uma descrição".[79] Mas, então, será necessário admitir que a denominação de história da natureza, que acavala esses dois domínios, "é absolutamente inexata": "podemos muito bem ter uma *descrição da natureza*, mas não

77 Kant, *Mutmaßlicher Anfang*, *AA* VIII, p.115; *Começo Conjectural*, p.25.

78 Kant, *Bestimmung des Begriffs einer Menschrasse*, *AA* VIII, p.115; *Raças*, p.38.

79 Kant, *Physische Geographie*, *AA* IX, p.161; *Géographie*, p.70.

uma *história da natureza*".[80] É preciso compreender que a história, enquanto reconstrução (que não será, talvez, exclusivamente causal, explicativa, "natural") da conexão dos acontecimentos, excede o domínio da natureza. Pois a natureza não oferece um relato de si mesma; esse relato, retrospectivo ou prospectivo, deve ser construído por nós, o que supõe que adotemos a postura do "adivinho que, por conta própria, realiza e ordena os acontecimentos que ele previamente vaticina".[81] Contrariamente à *observação* (científica) da natureza, a *interpretação* da história, passada ou presente, é sempre, de algum modo, "profética", ou divinatória.[82]

Isso conduz a um *segundo* conceito de história, ao de uma "história da liberdade", cuja relação com a natureza e com seus conceitos é complexa: é esse conceito que mobiliza a "história da humanidade", ou ainda, como diz Kant, modificando propositadamente o título da obra de Herder, "a história filosófica da humanidade"[83] (e não a "filosofia da história da humanidade"). Bem entendido, a história filosófica da humanidade não poderia desprezar as determinações naturais do humano tais como consignadas pela antropologia, pois somente a eclosão das disposições naturais permite que se interprete a perfectibilidade do homem, sua abertura ao "progresso". A rigor, pode-se falar de uma "história universal natural do homem"; vimos que ocorre a Kant fazê-lo (embora designando assim o empreen-

80 Kant, *Physische Geographie*, *AA* IX, p.161; *Géographie*, p.70-1.

81 Kant, *Der Streit der Fakultäten*, *AA* VII, p.80; *CF*, p.96.

82 Kant, *Der Streit der Fakultäten*, *AA* VII, p.79, 84 e 87; *CF*, p.95, 100 e 104.

83 Kant, *Rezensionen zu Herder*, *AA* VIII, p.55; *Herder 1ª Rec*, p.145.

dimento de Herder antes do que o seu próprio programa).[84] Mas, quanto ao fundo, essa história não é pensável com recurso aos conceitos relativos ao domínio da natureza, pelo menos se ela tiver a pretensão de ser "uma história da humanidade no todo de sua *destinação*",[85] vale dizer: se ela quiser pensar a humanidade na perspectiva teleológica explorada na *Ideia de uma história universal*, no texto sobre os princípios teleológicos e na segunda seção do *Conflito das faculdades*. Forjado a partir de Buffon e de Herder, o conceito de história natural da humanidade se revela frontalmente contraditório, posto que a história da humanidade não pode ser concebida de maneira sensata senão como o que, apoiando-se no natural, o excede. Eis a razão pela qual, posteriormente ao escrito de 1784 sobre a ideia de uma história universal, o segundo conceito de história, heurístico e hermenêutico, substitui progressivamente o conceito "naturalista" de história, ao qual Kant ainda recorrera naquele texto.

Uma boa parte dos contrassensos recorrentes em *A ideia de uma história universal*, e que esse texto toma por objeto, resulta de não ter sido levado em conta o que distingue esses dois conceitos e essas duas linhas de consideração da história: a que, fundada nos *data* antropológicos, se esforça em pensar a emergência fenotípica da liberdade, e a que inscreve essa progressão em uma teleologia da razão prática, vale dizer: no horizonte de uma metafísica no sentido kantiano da palavra. O propósito do texto de 1784 pertence essencialmente, incontestavelmente, à primeira dessas linhas. Evidentemente, não se trata para Kant – que jamais cessou de sublinhar o que distingue e

84 Kant, *Rezensionen zu Herder*, *AA* VIII, p.61; *Herder 2ª Rec*, p.207.
85 Kant, *Rezensionen zu Herder*, *AA* VIII, p.56; *Herder 2ª Rec*, p.203.

separa o domínio da natureza do domínio da liberdade – de sustentar que a realização progressiva da liberdade, correlatamente vinculada à "realização de uma sociedade civil que administra o direito de maneira universal", poderia ser o *efeito* ou a *consequência* de um "plano secreto",[86] entenda-se, de um "objetivo final", da natureza.[87] Em tal caso caberia, efetivamente, falar-se de uma "astúcia da natureza", que, como a astúcia da razão hegeliana entendida apressadamente, faria da liberdade política (a constituição civil perfeita) o resultado "dialético" do mecanismo da natureza. Mas uma tal interpretação contradiz tudo o que, de outra parte, se sabe sobre o pensamento kantiano. Na realidade, este escrito visa dois resultados que se reportam, respectivamente, ao conceito "naturalista" e ao conceito "heurístico" da história. Na primeira perspectiva, trata-se de localizar os indícios da emergência progressiva da liberdade tais como tornados possíveis pelas disposições ínsitas na natureza humana. Nesse sentido, certamente há uma espécie de história natural da liberdade, e é isso que é traduzido pelo léxico do plano secreto da natureza. Esta primeira abordagem da história, percebe-se, está em conexão direta com a antropologia, a qual, nesse sentido, deve ser considerada como a base de uma história natural universal da humanidade que seja uma alternativa àquela de Herder. Enquanto a história filosófica deste se reduz, no final das contas, "a explicar o que não se compreende pelo que se compreende ainda menos", envolvendo (como o recurso a uma das "forças fundamentais")

86 Kant, *Idee*, *AA* VIII, p.18, 27 e 29; *IdeiaHU*, p.10, 20 e 22.

87 Kant, *Idee*, *AA* VIII, p.18, 27, 28 e 29; *IdeiaHU*, p.10, 20, 21 e 22.

uma "metafísica muito dogmática",[88] a antropologia histórica de Kant trata de mostrar como a natureza concorre para a realização histórica da liberdade objetiva (permito-me recorrer aqui ao léxico hegeliano), a qual só pode ser obra exclusiva da liberdade humana; desta vem a imagem do "objetivo". O que, bem entendido, é tão somente uma imagem, pois a natureza não se propõe nada, assim como não poderia formar nem ter objetivos. Na segunda perspectiva, teleológica e metafísica, a história da humanidade se vê provida de "um fio condutor *a priori*",[89] como se nela tudo conspirasse, sem dúvida, de modo ininteligível, mas, contudo, absolutamente racional (de onde a invocação da Providência, que Kant sabe perfeitamente que é o asilo da ignorância) para a realização de um fim que, seguramente, não é natural, mas puramente moral (ético-jurídico), posto que "determinado *a priori* pela razão pura prática".[90] A dificuldade de *A ideia de uma história universal* provém dessas duas perspectivas, uma antropológica, outra normativa, que se cruzam nesse escrito, sem que Kant, então, dispusesse dos meios teóricos que lhe permitiriam dar conta desse cruzamento. Esses meios serão definidos no texto de 1788 sobre o uso dos princípios teleológicos e que são sistematicamente testados na *Crítica da faculdade de julgar*. Porém, a partir do momento em que se julga legítimo examinar a história do ponto de vista de uma "pura teleologia prática, isto é, moral",[91] "já teremos saído

---

88 Kant, *Rezensionen zu Herder*, *AA* VIII, p.54; *Herder 1ª Rec*, p.144.

89 Kant, *Idee*, *AA* VIII, p.30; *IdeiaHU*, p.23.

90 Kant, *Über den Gebrauch*, *AA* II, p.159; *Princípios Teleológicos*, p.216.

91 Kant, *Über den Gebrauch*, *AA* II, p.182-3; *Princípios Teleológicos*, p.237.

da ciência da natureza"[92] para entrar resolutamente no campo da metafísica, que é, antes de tudo, espero tê-lo mostrado, o da *razão normativa*. E esse campo é distinto daquele da antropologia, mesmo se esta última for coordenada aos princípios metafísico-racionais que ela verifica e aplica.

Consagrada à questão: "a espécie humana encontra-se em constante progresso para o melhor", a segunda questão de *O conflito das faculdades*, que desenvolve a temática da "história profética da humanidade", ilustra esse ordenamento do exame filosófico da história humana para uma perspectiva racional-normativa: o que se questiona aqui não é a história natural das raças humanas, mas a "história *moral*" da humanidade.[93] Deixa-se de lado, então, o terreno da antropologia a fim de passar-se para o da moral e, mais precisamente, do direito. Com efeito, o que é essa narrativa profética ou prospectiva da história? Ela consiste em pensar, ao adotar o estilo da profecia autorrealizadora, o que é – referindo-se aos acontecimentos da história humana, em particular, os mais notáveis dentre eles – a partir do que a razão normativa postula como devendo ser o "fim último" (*Endsweck*) da criação;[94] e este não é senão "a ideia de uma constituição em acordo com o direito natural dos homens", ou ainda, a *respublica noumenon*, que, em outros termos, diz respeito à chamada "constituição civil perfeita"[95] em *A ideia de uma his-*

---

92 Kant, *Über den Gebrauch*, *AA* II, p.179; *Princípios Teleológicos*, p.233.

93 Kant, *Der Streit der Fakultäten*, *AA* VII, p.79; *CF*, p.95.

94 Kant, *Der Streit der Fakultäten*, *AA* VII, p.89; *CF*, p.106. Como se sabe, a *Crítica da faculdade de julgar* distingue o fim final (*letzter Zweck*) e fim último (*Endsweck*). Ver *KU*, § 82, *AA* VI, p.426; *CFJ*, p.323. A primeira noção é ordinal, a segunda é cardinal e teleológica.

95 Kant, *Der Streit der Fakultäten*, *AA* VII, p.90-1; *CF*, p.108, e *Idee*, *AA* VIII, p.24; *IdeiaHU*, p.16. As *Conjecturas* precisam que essa consti-

tória universal. A ideia de progresso, notavam a *Conjecturas*, não é suscetível de verificação empírica: ela resulta, ao contrário, da escolha de se considerar a história do ponto de vista de uma teleologia moral (jurídica). Em uma tal perspectiva, hermenêutica e normativa,

> o curso dos assuntos humanos no seu conjunto não parte do Bem para ir até o Mal, mas se desenvolve lentamente na direção do melhor, segundo um progresso ao qual cada um por sua vez é chamado pela natureza à contribuir na medida de suas forças.[96]

Contudo, dizer que a natureza chama os homens para trabalharem pelo progresso histórico não é suficiente: é necessário, sobretudo, dizer que sua razão exige isso deles, essa "razão inexorável que [os] leva irresistivelmente a desenvolver as capacidades neles presentes".[97] É, portanto, essencialmente a parcialidade em favor da razão, como diria Habermas, vale dizer, uma escolha normativa, que funda a crença racional no progresso. Se a história é a cena teatral de um progresso, e se, contrariamente à visão "terrorista" e à visão "abderita", cabe-nos privilegiar, malgrado os perigos que isso comporte, uma visão "eudemonista" da história, de tal maneira a se promover adesão a uma espécie de milenarismo filosófico,[98] isso ocorre

---

tuição é "o fim último da civilização" (Kant, *Mutma licher Anfang*, *AA* VIII, p.117; *Começo Conjectural*, p.29).

96 Kant, *Mutmaßlicher Anfang*, *AA* VIII, p.123; *Começo Conjectural*, p.39.

97 Kant, *Mutmaßlicher Anfang*, *AA* VIII, p.115; *Começo Conjectural*, p.23.

98 Kant, *Der Streit der Fakultäten*, *AA* VII, p.81-2; *CF*, p.97-8. Já na *Ideia*, Kant notava que "a filosofia também poderia ter seu milenarismo", mas que, apesar disso, "não é de forma alguma um sonho visioná-

porque *devemos* adotar tal perspectiva, sob pena de reduzirmos a história da liberdade precisamente à história da natureza – a uma história que não é história.

Como se sabe, a principal inovação do texto de 1798 consiste em sustentar que, muito embora a questão do progresso seja empiricamente indecidível, é, contudo, possível "ligá-la a alguma experiência", no caso, a um "acontecimento" que "indica uma maneira de ser e uma capacidade dessa espécie [a humana] de ser causa de seus avanços para o melhor e de ser seu autor".[99] E o "acontecimento de nosso tempo que *demonstra* essa tendência moral da espécie humana" é, a seu ver, como sabido, a Revolução Francesa, ou, mais exatamente – a nuance é importante – "a tomada de partido no limite do entusiasmo" suscitada não tanto nos atores (não caberia menos), mas na maior parte de seus espectadores, os povos vizinhos, ficando bem entendido que "o verdadeiro entusiasmo refere-se sempre ao *ideal*, ao que é puramente moral, como o conceito de direito".[100] Não vou me deter sobre essa passagem célebre, tantas vezes comentada. Dela, simplesmente reterei, pois isso é muito ilustrativo do modo como Kant concebe a história, que o entusiasmo pelo direito (portanto, ao fim e ao cabo, pela "constituição republicana, ao menos segundo sua ideia"), tal como se manifesta ao espectador interessado, animado por uma parcialidade normativa em favor da razão, é interpretado

---

rio" acreditar no progresso indefinido (*Idee*, *AA* VIII, p.27; *IdeiaHU*, p.20. [Rodrigo Naves e Ricardo Terra preferiram ficar mais perto do original e usaram *quiliasmo*, em vez de milenarismo. (N. T.)]

99 Kant, *Der Streit der Fakultäten*, *AA* VII, p.84. *CF*, p.100.

100 Kant, *Der Streit der Fakultäten*, *AA* VII, p.85-6; *CF*, p.103.

como o *índice* da consistência da ideia puramente racional do progresso histórico, pois, se *há* progresso, é porque *devemos* crer nele. Por conseguinte, trata-se de uma "pura teleologia prática"[101] o que há de comandar o exame filosófico da história, ainda que este deva sempre se apoiar sobre os *data* antropológicos que atestam a plausibilidade de suas conclusões.

Para concluir

Haverá algo como uma filosofia da história kantiana? Tudo depende do que se entende por "filosofia" e por "filosofia da história". Se por filosofia entendermos a filosofia *pura*, vale dizer, em outros termos, a metafísica (e esta só comporta dois domínios: o da natureza e o da liberdade), então, as considerações sobre a história não lhe dizem respeito; antes, elas devem ser associadas à antropologia, cujo objeto se situa justamente na junção da natureza e da história. Mas, caso admita-se a existência de uma filosofia *aplicada*, cujo núcleo duro é a antropologia, então um exame filosófico da história faz sentido e tem valor, mesmo se ele não constitui, estritamente falando, uma "filosofia da história" no sentido enfático que esse termo viria a assumir depois de Kant. E o exame dessa questão, dos diferentes textos que Kant consagrou à história, pode ser desenvolvido em duas direções, conforme se privilegiem as considerações antropológicas (e vai-se então em direção a uma "história da natureza", que, todavia, não se enquadra exatamente na história natural no sentido consagrado da expressão) ou as considerações normativas (e trabalha-se então em uma

101 Kant, *Über den Gebrauch*, *AA* II, p.182; *Princípios Teleológicos*, p.237.

"história da liberdade", a qual, de modo contrafactual, busca identificar na história empírica os índices de uma teleologia racional). Que esta última perspectiva seja aquela que o Kant metafísico privilegia, isso não nos proíbe pensar que o *Weltbürger*, que ele também assume ser, conceda um grande valor ao "conhecimento do homem", que inclui de pleno direito a história "natural" da humanidade.

Considerações finais: meditações hegelianas nascentes

Em matéria moral, não seria mais avisado ater-se ao julgamento comum da razão?[1]

O propósito deste livro era reconstruir a teoria kantiana da racionalidade normativa e explorar suas ramificações. Para realizá-lo, convinha examinar inicialmente o conceito, ou melhor, os conceitos de liberdade, conferindo todo o peso à asserção consoante a qual a liberdade é "o fecho da abóbada de todo o edifício de um sistema da razão pura".[2] Ora, tal exame permite estabelecer que a concepção kantiana da liberdade e, mais precisamente, das relações entre liberdade, vontade e racionalidade passa por uma evolução significativa entre a *Grundlegung* de 1785, texto fundador da filosofia prática definitiva de Kant, e a *Metafísica dos costumes*. De modo global, Kant se desloca da posição segundo a qual a vontade, então identificada com o arbítrio, isto é, com um poder de escolha entre possí-

1 Kant, *Grundlegung*, *AA* IV, p.404; *FMC*, p.143.

2 Kant, *KpV*, *AA* V, p.3; *CRPr*, p.5.v

veis dados, é livre sempre que venha a dotar suas máximas com a forma da universalidade racional, até chegar àquela em que a vontade não é outra coisa senão a atividade mesma por meio da qual a razão determina pelo arbítrio a seleção de suas máximas. Nesse sentido, esse arbítrio pode ser dito livre, vindo a sê-lo somente nos casos em que "for determinado pela razão pura".[3] A vontade, por sua parte, da qual "procedem as leis", "não pode ser dita livre nem não livre";[4] por intermédio de sua atividade legiferante, ela é "o princípio que determina o arbítrio à ação", mediante o que ela se atesta como coincidente, pura e simplesmente, com a razão prática. Esta se identifica à função normativa que possui (enquanto "vontade") com relação ao arbítrio, e, assim, é inteiramente razão normativa. Bem entendido, há também uma função teórica (especulativa) da razão, mas ela consiste exclusivamente, como estabelecido na *Crítica da razão pura*, em operar uma "regulação" da atividade do entendimento, que é a única faculdade de conhecimento; lá também a razão exerce uma atividade normativa, ainda que de uma espécie diferente daquela exercida no domínio prático. Em outras palavras, todo o esforço de Kant terá sido o de estabelecer que a única tarefa da razão *pura* é oferecer um enquadramento normativo à faculdade de conhecimento (o entendimento) e ao poder de agir (o arbítrio); ela o faz, em um caso, como razão cognitiva-teórica, e no outro enquanto razão normativa prática, ficando bem entendido tratar-se de uma única e mesma razão, uma única e mesma capacidade normativa que é posta em ação nos dois casos.

---

3 Kant, *MdS*, *Einleitung*, *AA* VI, p.213; *PMDir*, Introdução, p.14.

4 Kant, *MdS*, *Einleitung*, *AA* VI, p.226; *PMDir*, Introdução, p.29.

Se nos ativermos ao domínio prático – como, no essencial, fiz neste livro – e, portanto, ao campo coberto pela metafísica dos costumes, podemos constatar também uma evolução notável das concepções de Kant e, consequentemente, da normatividade nelas implicada, a despeito da persistência de um vocabulário que pode fazer crer em uma continuidade da intenção, como, por exemplo, com relação à distinção entre legalidade e moralidade (que não deve ser confundida com a do direito e da ética, ao menos no último Kant). Ao passo que, na *Fundamentação da metafísica dos costumes* e, ainda, sem dúvida, na *Crítica da razão prática*, poder-se-ia considerar que o campo da razão normativa (aquele que efetivamente dá lugar a normas que passam no teste de apoditicidade que é o imperativo categórico) se restringiria ao da ética, o que justificava a fórmula da *Grundlegung* que mencionava "o imperativo categórico da *ética* (*Sittlichkeit*)",[5] a *Metafísica dos costumes* confere ao direito uma dignidade igual à da ética. Pode haver, portanto, uma "metafísica do direito", assim como há uma "metafísica da virtude", o que significa que o direito também dispõe de princípios puramente racionais, distintos mas absolutamente não inferiores, aos da ética. Em resumo, como o terceiro capítulo tentou mostrar, há, sim, um imperativo categórico *jurídico* paralelo ao da ética, correspondente ao que Kant denomina o "princípio universal do direito".[6] Por certo, a estrutura da normatividade jurídica apresenta diferenças com relação à da normatividade ética, posto que esta só determi-

5 Kant, *Grundlegung*, *AA* IV, p.416; *FMC*, p.197. [O prof. Guido Antônio de Almeida aqui traduziu *Sittlichkeit* por moralidade. (N. T.)]

6 Kant, *MdS*, *Rechtslehre*, *Einleitung*, § C, *AA* VI, p.230-1; *PMDir*, Introdução, p 35.

na obrigações (mais exatamente: "fins que são obrigações"[7]), enquanto o direito, notadamente graças ao papel que nele desempenha a "lei permissiva", define as obrigações e *os direitos*. Mas, a despeito dessa diferenciação, importa sublinhar a unidade do campo da racionalidade normativa e da identidade de suas operações, ilustrada pela unicidade do imperativo categórico, pois há efetivamente *uma* metafísica dos costumes, ou *uma* moral, no sentido genérico que esse termo assume a partir do ensaio sobre a paz perpétua, quando Kant distingue expressamente "a moral enquanto ética" e "a moral enquanto direito".[8]

Dizer que há uma metafísica dos costumes, como há uma metafísica da natureza, é afirmar a existência de uma atividade normativa autônoma da razão, independente de todo elemento empírico. É preciso jamais esquecer a significação radical conferida à metafísica por Kant, que, constantemente, pretendeu ser seu refundador: a metafísica é a "preocupação exclusiva da razão para consigo mesma";[9] o que quer dizer "toda a verdadeira metafísica é extraída da essência mesma da faculdade de pensar".[10] Mas, definir assim a metafísica e afirmar que a possibilidade de que com ela a razão exerce seu trabalho normativo independentemente dos *data* da experiência, de resto preciosos tanto para o conhecimento da natureza quanto para o dos homens, supõe que seu campo seja estabelecido com precisão. É preciso estar em condições de saber o que pode e o que

7 Ver Kant, *MdS*, *Tungendlehre*, *AA* VI, p.382; *MC*, p.192-3.

8 Kant, *Frieden*, *AA* VIII, p.386; *PPerpétua*, p.83.

9 Kant, *Prolegomena*, § 40, *AA* IV, p.327; *Prolegômenos*, p.59.

10 Kant, *Metaphysische Anfangsgründe*, *AA* IV, p.472; *Primeiros Princípios*, p.18.

não pode ser objeto da filosofia pura, ou o que pode somente sob certas condições. Esta é a razão pela qual o capítulo quatro, tomando como base as quatro questões às quais, segundo Kant, a filosofia *in sensu cosmopolitico*[11] deve responder, analisou primeiramente as relações entre a metafísica e a antropologia; esta última, qualquer que seja sua definição, é externa à filosofia pura e, portanto, não pode ter função normativa. Depois, deixando de lado certas ideias comumente aceitas, o capítulo abordou a questão da filosofia da história, com o objetivo de mostrar os estreitos limites nos quais se pode falar de algo assim no contexto do pensamento kantiano. Há, sem dúvida, um discurso filosófico de Kant sobre a história, que pertence à filosofia aplicada, mas, a falar-se rigorosamente, não há filosofia kantiana da história (isto é, metafísica).

Mas, em que consiste essa atividade normativa da razão pura da qual a metafísica (uma metafísica bem pouco metafísica no sentido clássico, "dogmático" do termo) é o exercício? O segundo capítulo procurou estabelecer que a "lei fundamental da razão prática", que, para os seres finitos, assume a forma de um imperativo categórico (o qual, evidentemente, só pode ser único, mesmo se é possível dar-lhe diversas formulações[12]), pode ser concebida como uma regra de reconhecimento destinada a avaliar e, se for o caso, validar as "máximas" da vontade, ou, mais exatamente, do arbítrio; seu "formalismo", que foi tão frequentemente motivo de censura a Kant, resulta de que ele é tão só um teste (cuja utilização efetiva, aliás, não está livre de

11 Ver Kant, *Vorlesungen über di Metaphysik*, p.5; *Lições*, p.37, e *Logik*, *AA* IX, p.25 ss; *Lógica*, p.31.

12 Ver Kant, *Grundlegung*, *AA* IV, p.421; *FMC*, p.215.

problemas) da validade das proposições normativas candidatas que é preciso considerar como dadas. Mas dadas como? Sobre esse ponto, a resposta de Kant, embora bem pouco explícita, é muito interessante e, à primeira vista, abre caminhos pouquíssimo "kantianos" no sentido habitualmente atribuído a esse qualificativo. A fonte das máximas de ação que devem ser submetidas à prova do "princípio U" (ao teste de universalização) é, nos diz ele, a "razão comum", ou o "entendimento comum", em resumo, o que se pode denominar, empregando um outro vocabulário, a *razão pública*.[13] Por um lado, essa razão pública é institucionalizada (por exemplo, quando encarnada nos atos do legislador); por outro, ela é informal quando se exprime nos valores, usos e crenças compartilhados dos quais faz eco aquilo que se denomina de opinião pública; o que significa dizer, em resumo, que ela o faz através de um *ethos* que, segundo uma fórmula da *Fenomenologia do espírito*, é a "linguagem universal" na qual se exprime a "substância universal" que é a razão ao tomar consciência de si; e é sobre esse *ethos* compartilhado que se fundam, explica Hegel, os processos de reconhecimento sem os quais não há "povo livre" e cuja fórmula "Eles enquanto eu, eu enquanto eles",[14] enuncia o *telos*.

Ao seguir essa pista hegeliana para explicar o que é "a razão comum" não estaremos a nos afastar de Kant? Acredito que não; considero que é possível e fecundo compreender a "razão comum" de Kant como o esboço de uma teoria da *Sittlichkeit* –

13 Ver *supra*, capítulo II, p.XY.

14 Hegel, *Phänomenologie des Geistes*, em *Werke* 3, p.264-5; *Phénoménologie de l'Esprit*, p.323-4.

não mais no sentido kantiano do termo, e sim, no sentido hegeliano. Pois o que é a razão pública (ao menos potencialmente, pois suas proposições têm ainda que passar pela prova de validação pela razão comum) senão "o conceito de liberdade tornado mundo presente aí e natureza consciente de si",[15] isto é, o que Hegel denominará *Sittlichkeit* em um sentido, cuja paternidade ele reivindicará *contra Kant*?[16] Poderia ocorrer (em todo caso, essa é uma hipótese que merece ser explorada) que a teoria kantiana da racionalidade objetiva, inscrita nas práticas sociais e nas representações coletivas, antecipe, de vários modos, a ideia hegeliana de uma racionalidade objetiva, do mesmo modo como também a teoria hegeliana da normatividade se desenvolve em uma direção a respeito da qual Kant, sob muitos aspectos, o precedeu.[17] Se essa tentativa de reconciliação não é incongruente, então as "*meditações hegelianas* nascentes" sugeridas por ela (a expressão é tomada de empréstimo a Sellars[18]) podem ser fecundas não só para a interpretação de Kant, mas também para uma reflexão sistemática sobre o que é a normatividade. No que concerne ao próprio Kant, minha sugestão conduz a revisar a ideia segundo a qual a razão kantiana seria "monológica" e deveria ter purgadas suas premissas idealistas, con-

15 Hegel, *Grundlinien*, § 142, em *Werke* 7, p.292; *Principes de la philosophie du droit*, p.314.

16 Hegel, *Grundlinien*, § 33, em *Werke* 7, p.88; *Principes de la philosophie du droit*, p.180.

17 Sobre esse ponto, ver J.-F. Kervégan, *L'effectif et le rationnel. Hegel et l'esprit objectif*, p.315 ss.

18 Sellars, *Empiricism and the Philosophy of Mind*, p.45; *Empirisme et philosophie de l'esprit*, p.48.

forme sustentam Habermas e Apel.[19] Eu não chegaria a dizer que Kant desenvolve uma concepção comunicativa da razão. Porém, o papel que ele confere à "razão pública", bem como a importância que atribui a uma concepção da filosofia dirigida ao ponto de vista do "cidadão do mundo" (sem por isso deixar de ser sistemática) mostram que ele, como Hegel depois e mais decididamente, não esteve em absoluto desatento ao que, de maneira feliz, se denominou de "a socialidade da razão".[20]

Chegados a este ponto, não podemos nos esquivar à questão apresentada – de maneiras bem diversas, aliás – por muitos filósofos contemporâneos, tanto analíticos quanto continentais, a saber: teremos nós verdadeiramente necessidade dessa massiva metafísica da razão que nos foi legada por Kant, tornada ainda mais obstrutiva pelo que dela fizeram seus curadores imediatos, os diferentes representantes do idealismo alemão? Para nos atermos ao campo da filosofia normativa, pois é dela que aqui tratávamos, teremos nós verdadeiramente necessidade da *razão* para determinar e avaliar as *razões* do agir individual e social?[21] Não será melhor nos fiarmos, na esteira de Aristóteles, às virtudes prudenciais, ao senso do *kairos*, e admitir a

19 Ver, por exemplo, Apel, *Discussion et responsabilité*, t.I, e "L'*a priori* de la communauté communicationnelle et les fondements de l'éthique" em *Transformation de la philosophie*, t.II, p.529 ss. De Habermas, ver *Morale et communication*, *De l'éthique de la discussion* e *Vérité et justification*.

20 Pinkard, *Hegel's Phenomenology. The Sociality of Reason*.

21 Ver Elster, *Raison et raisons*. Em uma ótica por certo diferente, Davidson (em *Paradoxes de l'irrationnalité*, p.37) sublinha que não é necessário mobilizar "a Razão" para dar conta dos paradoxos da irracionalidade (por exemplo, no caso da *akrasia*). Mas ele se aproxima de Kant (tal como o compreendo) e de Hegel, o que é mais surpreendente, ao sustentar que "a racionalidade é um traço social" (op. cit., p.75).

"sorte moral"?[22] Não será necessário, igualmente, "criticar" e "desconstruir" as pretensões dessa racionalidade demasiado segura de si própria em seu esforço para submeter-se à crítica – uma crítica posta em jogo só por ela mesma? Não participará ela de um empreendimento de arrazoamento cuja contraparte é o esquecimento da questão do ser? Todas essas interrogações, todos esses questionamentos devem ser ouvidos, e é preciso esforçar-se para respondê-los de maneira convincente. Mas, será necessário por isso abandonar o programa racionalista exemplarmente formulado por Kant e seus sucessores? Quanto a mim, acredito que não – seria necessário, no entanto, um livro todo para justificar essa crença. É somente a razão, ou, dizendo de outro modo, a capacidade compartilhada do universal que pode fornecer as fortes razões requeridas pelo agir, tanto no plano da ética quanto no jurídico. Contrariamente a uma convicção espraiada, não creio que possamos nos satisfazer com um *pensiero debole*, exceto se renunciarmos a pensar e (a criticar) o que fazemos.

---

22 Ver B. Williams, "La fortune morale", em *La fortune morale*, p.253 ss, e *L'éthique et les limites de la philosophie*.

Referências bibliográficas

Akademie Textausgabe. Reprodução fotomecânica da edição das *Obras completas de Kant* pela Academia Prussiana de Ciências. Berlim, 1968-1977. Citada como *AA*.

Títulos e abreviações dos textos de Kant em língua alemã

Anthropologie in pragmatischer Hinsicht. Citada como *Antropologie*, *AA* VII.

Beantwortung der Frage: Was ist Aufklärung?. Citada como *Aufklärung*, *AA* VII.

Beobachtungen über das Gefühl des Schönen und des Erhabenen. *AA* II.

Bestimmung des Begriffs einer Menchenrasse. Citada pelo título, *AA* VIII.

Das Ende aller Dinge. *AA* VIII.

Der Streit der Fakultäten. Citado pelo título, *AA* VII.

Die Religion innerhalb der Grenzen der blossen Vernunft. Citada como *Religion*, *AA* VI.

Erste Einleitung in die Kritik der Urteilskraft. Citada como *Erste Einleitung*, *AA* XX.

Grundlegung zur Metaphysik der Sitten. Citada como *Grundlegung*, *AA* IV.

Idee zu einer allgemeinen Geschichte in weltbürgerlicher Absicht. Citada como *Idee*, *AA* VIII.

Kritik der praktischen Vernunft. Citada como *KpV*, *AA* V.

Kritik der reinen Vernunft. Citada como *KrV* B, *AA* III.

Kritik der Urteillkraft. Citada como *KU*, *AA* V.

Logik. Citada pelo título, *AA* IX.

Metaphysik der Sitten. Citada como *MdS*, *AA* VI.

MdS, 1. *Teil*, *Metaphysische Anfangsgründe der Rechtslehre*, 1986. Citada como *Rechtslehre*, *AA* VI.

MdS, 2. *Teil*, *Metaphysische Anfangsgründe der Tugendlehre*, 1990. Citada como *Tugendlehre*, *AA* VI.

Metaphysische Anfangsgründe der Natur Wissenschaft. Citada como *Metaphysische Anfangsgründe*, *AA* IV.

Mutmaßlicher Anfang der Menschengeschichte. Citada como *Mutmaßlicher Anfang*, *AA* VIII.

Nachlass, AA XIV-XXIII.

Opus postumum. Citada pelo título, *AA* XXI-XXIII.

Physische Géographie, *AA* IX. Citada pelo título, *AA* IX.

Prolegomena zu einer jeden künftigen Metaphysik, die als Wissenchaft wird auftreten können. Citado como *Prolegomena*, *AA* IV.

Rezensionen zu J. G. Herders Ideen zur Philosophie de Geschichte der Menscheit. Citada como *Rezensionen zu Herder*, *AA* VIII.

Träume eines Geistessehers. *AA* II.

Über den Gebrauch teleologischer Prinzipien in der Philosophie. Citado como *Über den Gebrauch*, *AA* VIII.

Über den Gemeinspruch: Das mag in der Theorie richtig sein, taugt aber nicht für die Praxis. Citado como *Gemeinspruch*, *AA* VIII.

Über ein vermeintes Recht, aus Menschenliebe zu lügen. Citado como *Über ein vermeintes Recht*, *AA* VIII.

Versuch über die Krankheiten des Kopfes, *AA* II. Citado pelo título, *AA* II.

Von der verschiedenen rassen der menschen. Citado pelo título, *AA* II.

Vorlesungen über die Metaphysik (Metaphysik Pölitz). *AA* XXVIII, 2.2. Citada como *Vorlesungen über die Metaphysik*.

Was heist: Sich im Denken orientieren ?. *AA* VIII.

Welches sind die wirklichen Fortschritte, die die Metaphysik seit Leibnitzens und Wolf's Zeiten in Deutschland gemacht hat?. Citado pelo título, *AA* XX.

Zum ewigen Frieden. Citada como *Frieden*, *AA* VIII.

Principais traduções em língua francesa

Anthropologie du point de vue pragmatique. Trad. M. Foucault. Paris: Vrin, 2008.

Compte-rendu de l'ouvrage de Herder: "Idées en vue d'une histoire de l'humanité". Trad. S. Piobetta. Paris: GF-Flammarion, 1990.

Conjectures sur le début de l'histoire humaine. Trad. S. Piobetta. Paris: GF-Flammarion, 1990.

Critique de la faculté de juger. Trad. A. Renaut. Paris: GF-Flammarion, 1995.

Critique de la raison pratique. Trad. J.-P. Fussler. Paris: GF-Flammarion, 2003.

Critique de la raison pure. Trad. A. Renaut. Paris: GF-Flammarion, 2006.

Définition du concept de race humaine. Trad. S. Piobetta. Paris: GF-Flammarion, 1990.

Des différences des races humaines. Trad. S. Piobetta. Paris: GF-Flammarion, 1990.

Écrits sur le corps et l'esprit. Trad. G. Chamayou. Paris: GF-Flammarion, 2007.

Essais sur les maladies de la tête. In: *Écrits sur le corps et l'esprit*. Paris: GF-Flammarion, 2007.

Fondation de la métaphysique des mœurs. Trad. A. Renaut. In: *Métaphysique des mœurs*. Paris: GF-Flammarion, 1994.

Géographie. Trad. M. Cohen-Halimi, M. Marcuzzi, V. Seroussi. Paris: Aubier, 1999.

Idée d'une histoire universelle au point de vue cosmopolite. Trad. S. Piobetta. Paris: GF-Flammarion, 1990.

La fin de toutes les choses. Trad. H. Wismann. In: *Œuvres philosophiques*, v.III. Paris: Gallimard, 1986.

La religion dans les limites de la simple raison. Trad. J. Gibelin. Revisão de M. Naar. Paris: Vrin, 2000.

Leçons de métaphysique. Trad. M. Castilho. Paris: LGF, 1993.

Les conflits des facultés en trois sections. Trad. A. Renaut. In: *Œuvres philosophiques*, v.III. Paris: Gallimard, 1986.

Logique. Trad. L. Guillermit. Paris: Vrin, 1970.

Métaphysique des mœurs. Trad. A. Renaut. Paris: GF-Flammarion, 1994. 2 volumes (v.1: *Premiers principes métaphysiques de la doctrine du droit*; v.2: *Premiers principes métaphysiques de la doctrine de la vertu*).

Observations sur le sentiment du beau et du sublime. Trad. R. Kempf. Paris: Vrin, 1960.

Œuvres philosophiques. Paris: Gallimard, 1980-1986. 3 volumes.

Opus postumum. Trad. F. Marty. Paris: PUF, 1986.

Opuscules sur l'histoire. Trad. S. Piobetta. Paris: GF-Flammarion, 1990.

Première introduction à la Critique de la faculté de juger. Trad. L. Guillermit. Paris: Vrin, 1968.

Premiers principes métaphysiques de la science de la nature. Trad. F. De Grandt. In: *Œuvres philosophiques*, v.II. Paris: Gallimard, 1985.

Prolégomènes à toute métaphysique future qui pourra se présenter comme science. Trad. J. Rivelaygue. In: *Œuvres philosophiques*, v.II. Paris: Gallimard, 1985.

Qu'est-ce que s'orienter dans la pensée. Trad. A. Philonenko. Paris: Vrin, 1972.

Quels sont les progrès de la métaphysique en Allemagne depuis le temps de Leibniz et de Wolff. Trad. J. Rivelaygue. In: *Œuvres philosophiques*, v.II. Paris: Gallimard, 1985.

Réponse à la question: Qu'est-ce que les Lumières?. Trad. H. Wismann. In: *Œuvres philosophiques*, v.III. Paris: Gallimard, 1986.

Rêves d'un visionnaire. Trad. F. Courtès. Paris: Vrin, 2013.

Sur l'emploi des principes téléologiques dans la philosophie. Trad. S. Piobetta. In: *Opuscules sur l'histoire*. Paris: GF-Flammarion, 1990.

Sur l'expression courante: « il se peut que ce soit juste en théorie, mais en pratique cela ne vaut rien ». Trad. L. Guillermit. Paris: Vrin, 1972.

Sur un prétendu droit de mentir par humanité. Trad. L. Guillermit. Paris: Vrin, 1972.

Vers la paix perpétuelle. Trad. J. Darbellay. Paris: PUF, 1974.

Principais traduções em língua portuguesa

A paz perpétua e outros opúsculos. Trad. Artur Morão. Lisboa: Edições 70, 1998.

À paz perpétua. Trad. Marco Zingano. Porto Alegre: L&PM, 2008.

A religião nos limites da simples razão. Trad. Artur Morão. Lisboa: Edições 70, 1992.

Antropologia de um ponto de vista pragmático. Trad. Clélia A. Martins. São Paulo: Iluminuras, 2006.

Começo conjetural da história humana. Trad. Edmilson Menezes. São Paulo: Editora Unesp, 2010.

Crítica da faculdade de julgar.

Trad. Valério Rohden e António Marques. Rio de Janeiro: Forense Universitária, 1993.

Trad. Fernando Costa Mattos. Petrópolis/Bragança Paulista: Vozes/ Ed. Universitária São Francisco, 2016.

Crítica da razão prática. Edição bilíngue. Trad. Valério Rohden. São Paulo: Martins Fontes, 2003.

Crítica da razão pura.

Trad. Valério Rohden e Udo Baldur Moosburger. São Paulo: Abril Cultural, 1980 (Col. Os Pensadores).

Trad. Manuela P. dos Santos e Alexandre F. Morujão. Lisboa: Fundação Calouste Gulbenkian, 1989.

Trad. Fernando Costa Mattos. Petrópolis: Vozes, 2012.

Das diferentes raças humanas. Trad. Alexandre Hahn. *Kant e-Prints*, Campinas, Série 2, v.5, n.5, p.10-26, número especial, jul.- dez., 2010.

Determinação do conceito de uma raça humana. Tradução e notas de Alexandre Hahn. *Kant e-Prints*, Campinas, Série 2, v.7, n.2, p.28-45, jul.-dez., 2012.

Fundamentação da metafísica dos costumes. Edição bilíngue. Trad. Guido Antônio de Almeida. São Paulo: Barcarolla/Discurso Editorial, 2009.

Ideia de uma história universal de um ponto de vista cosmopolita. Org. Ricardo Terra. Trad. Ricardo Terra e Rodrigo Naves. São Paulo: Brasiliense, 1986.

Ideias para uma filosofia da história da humanidade de Johann Gottfried Herder. Quem te Deus esse iussit et humana qua parte locatus es in re disce. In: Kant e a primeira recensão a Herder: comentários, tradução e notas de Joel T. Klein. *Studia Kantiana*, v.10, n.13, 2012.

Ideias para uma filosofia da história da humanidade de Johann Gottfried Herder. Segunda parte. In: Kant e a segunda recensão a Herder: comentários, tradução e notas de Joel T. Klein. *Studia Kantiana*, v.11, n.14, 2013.

Lições de metafísica. Introdução, tradução e notas de Bruno Cunha. Petrópolis/Bragança Paulista: Vozes/Ed. Universitária São Francisco, 2022.

Manual dos cursos de lógica geral. Edição bilíngue. Trad. Fausto Castilho. Campinas/Uberlândia: IFCH-Unicamp/Edufu, 1998.

Metafísica dos costumes.

Trad. Edson Bini. São Paulo: Edipro, 2003.

Trad. José Lamego. Lisboa: Fundação Calouste Gulbenkian, 2005.

Trad. Clélia A. Martins, Bruno Nadai, Diego Kosbiau e Monique Hulshof. Revisão técnica de Bruno Nadai et al. Petrópolis: Vozes, 2013.

Princípios metafísicos da doutrina do direito, contendo a Introdução à Metafísica dos costumes. Trad. Joãosinho Beckenkamp. São Paulo: Martins Fontes, 2014.

O conflito das faculdades. Trad. Artur Morão. Lisboa: Edições 70, 1993.

Observações sobre o sentimento do belo e do sublime; ensaio sobre as doenças mentais. Trad. Vinicius de Figueiredo. Campinas: Papirus, 1993.

Os progressos da metafísica. Trad. Artur Morão. Lisboa: Edições 70, 1985.

Primeira introdução à Crítica do juízo. Trad. Rubens R. Torres Filho. In: *Duas introduções à* Crítica do juízo. Org. Ricardo Terra. São Paulo: Iluminuras, 1995.

Princípios metafísicos da ciência da natureza. Trad. Artur Morão. Lisboa: Edições 70, 1990.

Prolegômenos. Trad. Tania Maria Bernkopf. In: *Kant (II): textos selecionados*. São Paulo: Abril Cultural, 1984 (Col. Os Pensadores).

Resposta à pergunta: Que é o Iluminismo?. In: *A paz perpétua e outros opúsculos*. Trad. Artur Morão. Lisboa: Edições 70, 1998.

Resposta à pergunta: Que é o "Esclarecimento" (Aufklärung?). Trad. Floriano de Sousa Fernandes. In: *Textos seletos*. Edição bilíngue. Petrópolis: Vozes, 1974.

Sobre a expressão corrente: Isto pode ser correto na teoria, mas nada vale na prática. In: *A paz perpétua e outros opúsculos*. Trad. Artur Morão. Lisboa: Edições 70, 1998.

Sobre o uso de princípios teleológicos na filosofia. Introdução, tradução e notas de Márcio Pires. Revisão de Clélia A. Martins. In: *Trans/Form/Ação*, 36(1), p.211-38, 2013.

Sobre um suposto direito de mentir por amor à humanidade. Trad. Floriano S. Fernandes. In: *Textos seletos*. Edição bilíngue. Petrópolis: Vozes, 1974.

Sobre um suposto direito de mentir por amor à humanidade. In: *A paz perpétua e outros opúsculos*. Trad. Artur Morão. Lisboa: Edições 70, 1998.

Bibliografia geral

APEL, K. O. *Discussion et responsabilité*, t.I. Paris: Cerf, 1996.

APEL, K. O. *Éthique de la discussion*. Paris: Cerf, 1994.

APEL, K. O. *Penser avec Habermas contre Habermas*. Paris: Ed. de l'Éclat, 1990.

APEL, K. O. *Transformation de la philosophie*, t.II. Paris: Cerf, 2010.

ARENDT, H. *Juger: sur la philosophie politique de Kant*. Paris: Seuil, 1982.

BENTHAM, J. Sur l'usage et l'abus du mot « droit ». In: BINOCHE, B.; CLERO, J.-P. *Bentham contre les droits de l'homme*. Paris: PUF, 2007.

BERLIN, I. *Two Concepts of Liberty*. Oxford Clarendon Press, 1958.

CONSTANT, B. Des réactions politiques. In: *De la force du gouvernement actuel de la France et des nécessités de s'y rallier et autres textes*. Paris: Champs-Flammarion, 1998.

DAVIDSON, D. *Actions et événements*. Paris: PUF, 1993.

DAVIDSON, D. *Paradoxes de l'irrationnalité*. Paris: Ed. de l'Éclat, 1991.

DWORKIN, R. *Freedom's Law: The Moral Reading of the American Constitution*. Harvard University Press, 1966.

DWORKIN, R. *Prendre les droits au sérieux*. Paris: PUF, 1995.

ELSTER, J. *Raison et raisons*. Paris: Collège de France/Fayard, 2006.

FICHTE, J. G. *Fondement du droit naturel*. Paris: PUF, 1998.

FICHTE, J. G. *Grundlage des Naturrechts*. In: *Werke*, 3. Berlim: De Gruyter, 1971.

FICHTE, J. G. *System der Rechtslehre*. In: *Werke*, 10. Berlim: De Gruyter, 1971.

FICHTE, J. G. *System der Sittenlehre*. In: *Werke*, 4. Berlim: De Gruyter, 1971.

FICHTE, J. G. *Système de l'éthique*. Paris: PUF, 1986.

FOUCAULT, M. Introduction à l'*Antropologie* de Kant. In: KANT, I. *Anthropologie d'un point de vue pragmatique*. Paris: Vrin, 1970.

FULDA, H. F. Notwendigkeit des Rechts unter Voraussetzung des kategorischen Imperativs der Sittlichkeit. *Jahrbuch für Recht und Ethik*, 14, p.167-214, 2006. [Trad. francesa: Necessité du droit sans présupposition de l'impératif catégorique de l'éthique. In: KERVÉGAN, J.-F. (Org.). *Raison pratique et normativité chez Kant: droit, politique, cosmopolitique*. Paris: ENS Editions, 2010, p. 7-35.]

HABERMAS, J. *Connaissance et intérêt*. Paris: Gallimard, 1976. [Ed. bras.: *Conhecimento e interesse*. Trad. Luiz Repa. São Paulo: Editora Unesp, 2014.]

HABERMAS, J. *De l'éthique de la discussion*. Paris: Cerf, 1992.

HABERMAS, J. *Droit et démocratie*. Paris: Gallimard, 1997.

HABERMAS, J. *Droit et moral*. Paris: Seuil, 1997.

HABERMAS, J. *Morale et communication*. Paris: Cerf, 1986.

HABERMAS, J. *Théorie de l'agir communicationnel*, t.I. Paris: Fayard, 1987. [Ed. bras.: *Teoria da ação comunicativa*. Trad. Luiz Repa. São Paulo: Editora Unesp, 2022. 2 volumes.]

HABERMAS, J. *Vérité et justification*. Paris: Gallimard, 2001.

HART, H. L. A. *Essays in Bentham*. Oxford University Press, 1981.

HART, H. L. A. *Law, Liberty and Morality*. Stanford University Press, 1963.
HART, H. L. A. *Le concept de droit*. Bruxelas: Presses Universitaires Saint--Louis, 1976.
HART, H. L. A. *The Concept of Law*. Oxford University Press, 1994.
HART, H. L. A. *Essays in Jurisprudence and Philosophy*. Oxford University Press, 1981.
HEGEL, G. W. F. *Des manières de traiter scientifiquement du droit naturel*. Trad. B. Bourgeois. Paris: Vrin, 1972.
HEGEL, G. W. F. *Di Verfassung Deutschlands*. In: *Werke*, 1. Frankfurt am Main: Suhrkamp, 1970.
HEGEL, G. W. F. *Grundlinien der Philosophie des Rechts* [*Grundlinien*]. In: *Werke*, 7. Frankfurt am Main: Suhrkamp, 1970.
HEGEL, G. W. F. *La Constitution de l'Allemagne*. In: *Écrits politiques*. Paris: Champ Libre, 1977.
HEGEL, G. W. F. *Leçons sur la philosophie de l'histoire*. Trad. J. Gibelin. Paris: Vrin, 1963.
HEGEL, G. W. F. *Leçons sur le droit naturel et la science de l'État*. Trad. J.-Ph. Deranty. Paris: Vrin, 2002.
HEGEL, G. W. F. *Phänomenologie des Geistes*. In: *Werke*, 3. Frankfurt am Main: Suhrkamp, 1970.
HEGEL, G. W. F. *Phénoménologie de l'Esprit*. Trad. B. Bourgeois. Paris: Vrin, 2006.
HEGEL, G. W. F. *Principes de la philosophie du droit*. Trad. J.-F. Kervégan. Paris: PUF, 2013.
HEGEL, G. W. F. *Über die wissenschatlichen Behandlungsarten das Natur rechs*. In: *Werke*, 2. Frankfurt am Main: Suhrkamp, 1970.
HEGEL, G. W. F. *Vorlesungen über die Philosophie der Geschichte*. In: *Werke*, 12. Frankfurt am Main: Suhrkamp, 1970.
HEIDEGGER, M. *De l'essence de la liberté humaine*. Trad. E. Martineau. Paris: Gallimard, 1987.
HUME, D. *Traité de la nature humaine*. Paris: GF-Flammarion 1999. [Ed. bras.: *Tratado da natureza humana*. Trad. Débora Danowski. 2.ed. São Paulo: Editora Unesp, 2009.]

KELSEN, H. *Die philosophischen Grundlagen der Naturrechtslehre und des Rechtspositivism*. Charlottenburg: R. Heise, 1928.

KELSEN, H. *Théorie pure du droit*. 2.ed. Paris: LGDJ/Bruylant, 1999.

KELSEN, H. Théorie *générale du droit et de l'État*. Paris: LGDJ/Bruylant, 1997.

KERSTING, W. *Wohlgeordnete Freiheit. Immanuel Kants Rechts - und Staatsphilosophie*. Berlim: De Gruyter, 1984.

KERVÉGAN, J.-F. *Hegel et l'hégélianisme*. Paris: PUF, 2005. [Ed. bras.: *Hegel e o hegelianismo*. Trad. Mariana Paolozzi S. Cunha. São Paulo: Loyola, 2008.]

KERVÉGAN, J.-F. *L'effectif et le rationnel. Hegel et l'esprit objectif*. Paris: Vrin, 2007.

KERVÉGAN, J.-F. Rechtliche und moralische Normativität. Ein "idealistische" Plädoyer für den Rechtspositivismus. *Rechtstheorie*, Berlin, 39-1, p.23-52, 2008.

KERVÉGAN, J.-F. (Org.). *Raison pratique et normativité chez Kant: droit, politique, cosmopolitique*. Paris: ENS Editions, 2010.

LARMORE, C. *Modernité et morale*. Paris: PUF, 1993.

LONGUENESSE, B. *Kant et le pouvoir de juger*. Paris: PUF, 1993.

LYOTARD, J. et al. *La faculté de juger*. Paris: Minuit, 1989.

NAGEL, T. *Le point de vue de nulle part*. Paris: Éd. de l'Éclat, 1993.

OSMO, P. (Org.). *Lectures de Kant*. Paris: Ellipses, 2010.

PEGUY, C. Victor-Marie, comte Hugo. In: *Œuvres en prose complètes*, t.3. Paris: Gallimard, 1992.

PICAVET, F. *Kelsen et Hart*. Paris: PUF, 2000.

PINKARD, T. *Hegel's Phenomenology. The Sociality of Reason*. Cambridge University Press, 1996.

PIPPIN, R. Le Mien et le Tien. L'État kantien. In: KERVÉGAN, J.-F. (Dir.). *Raison pratique et normativité chez Kant: droit, politique, cosmopolitique*. Paris: ENS Editions, 2010, p.89-105.

RAZ, J. *Practical Reasons and Norms*. Oxford University Press, 1999.

ROUSSEAU, J.-J. *Discours sur l'origine et les fondements de l'inégalité parmi les hommes*. In: *Œuvres complètes*, III. Paris: Gallimard, 1964.

SCHEFFLER, S. *The Rejection of Consequencialism*. 2.ed. Oxford University Press, 2003.

SCHELER, M. *Le formalisme en éthique et l'éthique formelle des valeurs*. Trad. M. Gandillac. Paris: Gallimard, 1995.

SELLARS, W. *Empiricism and the Philosophy of Mind*. Boston: Harvard University Press, 1997.

SELLARS, W. *Empirisme et philosophie de l'esprit*. Paris: Éd. de l'Éclat, 1992.

TERRA, R. R. Notes sur le concept de passage dans la pensée de Kant. In: SCHÜSSLER, I. (Dir.). *Kant, les Années 1793-1803:* Opus postumum. Paris: Vrin, 2001.

THOMASIUS, C. *Einleitung zur Sittenlehre* (1692). In: *Ausgewählte Schriften*, 10. Hildesheim: Georg Olms, 1995.

THOMASIUS, C. *Summarischer Entwurf der Grundlehren* (1699). In: *Ausgewählte Schriften*, 13. Hildesheim: Georg Olms, 2005.

VON WRIGHT, G. H. *Explanation and Understanding*. Ithaca: Cornell University Press, 1971.

WILLASCHEK, M. Which Imperatives for Right? On the non-Prescriptive Character of Juridical Laws in Kant's Metaphysics of Morals. In: TIMMONS, M. (Ed.). *Kant's Metaphysics of Morals - Interpretative Essays*. Oxford University Press, 2002, p.65-87.

WILLIAMS, B. *La fortune morale: moralité et autres essais*. Paris: PUF, 1994.

WILLIAMS, B. *L'éthique et les limites de la philosophie*. Paris: Gallimard, 1990.

WITTGENSTEIN, L. *Eine philosophische Betrachtung* [*Das braune Buch*]. In: *Das blaue Buch; Das braune Buch, Werkausgabe*, 5. Frankfurt am Main: Suhrkamp, 1969.

SOBRE O LIVRO

Formato: 13,7 x 21 cm
Mancha: 23 x 44 paicas
Tipologia: Venetian 301 12,5/16
Papel: Off-white 80 g/m² (miolo)
Cartão Triplex 250 g/m² (capa)

1ª edição Editora Unesp: 2025

EQUIPE DE REALIZAÇÃO

Edição de texto
Thomaz Kawauche (Copidesque)
Carmen T. S. Costa (Revisão)

Capa
Marcelo Girard

Editoração eletrônica
Eduardo Seiji Seki

Assistente de produção
Erick Abreu

Assistência editorial
Alberto Bononi
Gabriel Joppert

Rettec artes gráficas e editora

Rua Xavier Curado, 388 • Ipiranga - SP • 04210 100
Tel.: (11) 2063 7000
rettec@rettec.com.br • www.rettec.com.br